乳幼児の事故予防
保育者のためのリスク・マネジメント

Itsumi Kakefuda
掛札逸美 著
Ph.D.心理学

ぎょうせい

まえがきにかえて

事故予防との出会い、保育園・幼稚園との出会い

●38歳で単身渡米

「なぜ、心理学者が保育園・幼稚園の事故予防？」——この本を手にお取りになって、まずそう思った方もいらっしゃることでしょう。

私は2003年夏、社会心理学、その中でも特に健康にかかわる心理学を学ぶため、コロラド州立大学大学院に留学しました。マラソン選手の高地トレーニングで有名なボウルダー市からさらに北、大学を中心にして、IT企業も集まるフォート・コリンズ市にあるキャンパスです。38歳、それまでの仕事を辞め、英語など話したこともないまま、生まれて初めての外国生活でした。

社会心理学とは簡単に言えば、人間の考えや行動のパターン、それらの歪み（バイアス）を理解し、集団や個人の中で考えや行動がどうつくられるのか、また、どう変わっていくのかを研究する分野です。健康にかかわる部分では、たとえば、「エクササイズを続ける人、続けない人の間にはどんな違いがあるのか」「なぜ、健康に悪いとわかっていても、人間は食生活を変えられないのか」「なぜ、必要とわかっていてもがん検診を受けないのか」「どうしたら、より健康な行動を広めることができるのか」といったことがテーマになります。こうした研究成果は、より健康で安全な生活を普及させるための材料になっていく——、ですから、私たちの日常生活と深く結びついている分野なのです。

●事故予防との出会いは交通事故

　それまでの仕事の経験から、人間の健康行動についてもっと学ぼうと思ってコロラドにたどりつき……。寝ても覚めても24時間すべてが英語！の生活に四苦八苦しながらもなんとか半年が過ぎたある日、私の人生を変えるできごとが起こりました。キャンパス近くの交差点を自転車で渡っている際、左折しようとした車に衝突されたのです（米国の左折は日本での右折にあたるので、車は対向車線をまたいでから横断歩道を通りすぎます）。衝突されたときの記憶は、もちろんありません。気がついたのは、救急車の中。「○○を付けるために上着を切りますよ」と言われて、「はい」と返事をしたのは覚えています。次に気がついたときは、地域で唯一の救急病院の救急室でした。結局、30分以上、気を失っていたようです。

　左側頭部を5針縫うケガ（中等度脳外傷）をし、からだじゅう青あざだらけ。この程度でも入院させないところは、さすが（？）米国の病院。友人に迎えにきてもらってなんとか帰宅した私は、ただひとつのことを考えていました。

　「なぜ、あれだけ教授たちに言われていたのに、ヘルメットをかぶっていなかったんだろう」……。

●「事故になんて、あうはずがない」

　私の教授はもちろん傷害予防、事故予防の専門家です。その教授だけでなく、他の先生たちにも「危ないから、ヘルメットをかぶれ」と、半年間言われ続けていたにもかかわらず、私はヘルメットをかぶっていませんでした。言われて一応、買ってはみたものの、妙な形のヘルメットはごつくて、じゃまになる。結局、かぶりもせずに部屋に置いたまま。

「交通事故になんか、あうわけがないじゃない」「気をつけていれば大丈夫」……、私はそう思っていたわけです。

ところが、ルールを守って横断歩道を渡っていたにもかかわらず、交通事故は起こりました。

数週間後、警察調書を見て、私は自分がいかに幸運であったかを理解しました。衝突のしかたがほんの少し違っていて、車が私をはね飛ばしていたら、私はその車にひかれ、命を落としていた可能性が高かったのです。

交通事故から半年は、怖くて自転車に乗れない状態が続きましたが、以降はこのヘルメットを着用して、自転車乗りに復帰。

その事故の次の日から、私のテーマは「傷害予防（injury prevention）」になりました。がん検診受診行動でも禁煙行動でもなく、エクササイズでもなく、「なぜ、人間はわかっていても危険な行動をするのか」「なぜ、『万が一』に備えた行動をするのは簡単ではないのか」「万が一のために安全な行動をするよう、人間の意識を変えるためにはどうしたらいいか」。以来、傷害予防、事故予防を中心にした健康心理学に取り組んできたことになります（ただし、傷害予防行動も健康行動も、健康心理学における基本的な考え方、理論は共通しています）。

●そして、保育園・幼稚園との出会い

傷害予防、事故予防は、交通事故や職域（特に製造業、建設業）の分野を除くと、あまり積極的には取り組まれていません。ケガ、事故というと、「防ぎようのないもの」「運が悪かった」、または「事故にあった人の不注意」などととらえられがちで、予防できるもの、予防すべきもの

という意識が薄いのです。これは世界全体で言えることですが、日本も同様です。日本では戦後、不慮の事故による子どもの死亡は急速に減りました。それでもまだ、年間400人以上の幼い子ども（0〜9歳）が不慮の事故で亡くなっています。1日に1人以上が、事故で命を落としているのです。

しかし、その日本でも少しずつ変化があらわれています。子どものケガ予防の推進役として、長年この問題に取り組んでおられる山中龍宏医師（現・緑園こどもクリニック院長）を中心として、工学・医学等の専門家がともに取り組む研究組織が独立行政法人産業技術総合研究所デジタルヒューマン工学研究センターの中につくられ、私もそのメンバーとして2008年の帰国以降、働いてきました。

「保育園・幼稚園における事故予防」といつ出会ったのか、記憶は定かではありません。帰国して数か月後、とある集まりでお話をさせていただいたのがきっかけとなり、その後、たくさんの先生方、保育園・幼稚園の皆さんとネットワークができてきたのです。

● 「小さなケガ」はあってあたりまえ、なのに……

保育園や幼稚園の先生方からお話をうかがえばうかがうほど、事態の重大さを感じるようになりました。保育園・幼稚園で起きている事故、ケガが特に重大だというわけではありません。そうではなく、事故やケガが起こるたびに（つまり、ほぼ毎日）、保育園・幼稚園が取り組まなければならない業務の多さ、それによって本来の仕事である「子どもの育ちを支える」「子どもを教育する」部分が場合によってはおろそかにされてしまっている、その事態がとても深刻だと感じたのです。

率直に言うと、こういうことです。おとなでも、ほんのちょっとした段差でつまずき、転び、すり傷や切り傷をつくります。成長・発達の過

程にある子どもたちにとっては、すり傷も切り傷も突き指もあたりまえ。ましてや、集団の中で生活する保育園・幼稚園ですから、ケガが起こらないわけがありません。子どもが死んでしまったり、重傷を負ったり、後遺障害を残してしまったりしない限り、成長・発達の中で、あるいは集団生活の中で、多少の小さなケガは「あってあたりまえ」と考えられるべきなのです。私が子どもの頃は、少なくともそう考えられていたと思います。

● **本書の柱：死亡、重傷を予防し、取り組みを保護者に伝える**

　しかし、今はそうではありません。ちょっとしたすり傷、切り傷でも、保育園・幼稚園を責めたてる保護者は決して少なくないようです。子どものケガは園の責任、ケガ後の対応は全部、保育園・幼稚園がするべき、と考えている保護者さえいます。ちょっとしたすり傷、切り傷でも、多くの園は保護者の反応を恐れて平謝り。病院にも連れていき、通院の手伝いすらせざるをえない。現場では「誰の責任？」という話になり、ケガの現場にいあわせた職員は、「自分がケガをさせてしまった」と落ち込む……。「小さなケガもさせてはいけない」という気持ちが、運動や遊びを委縮させてしまう。

　これで、十分な「子どもの育ち、学びの支援」ができるのでしょうか？　無理です。死亡・重傷・後遺障害が起こらない環境、状況をつくったうえで、すり傷・切り傷はあたりまえのこととして、子どもたちを思いきり遊ばせる、子どもたちに運動をさせる。ただでさえ外遊びが減っている今、集団生活が減っている現代社会では、これが不可欠なのです。

　では、どうしたらいいのでしょうか？　まず、死亡・重傷・後遺障害が起こらない園の環境をつくること。お散歩などの園外活動でも、深刻

な事故が起こらない体制を整えること。次に、その努力と成果を保護者に、地域に、行政に伝えながら、一方で、子どもたちの元気な成長・発達の姿も伝える。さらに、すり傷、切り傷、突き指程度は、成長・発達にとって、集団生活にとって、つきものなのだという点をセットにして知らせていくことです。集団生活が子どもにとっていかに楽しく、大切であるかも伝え続けていくことが必要です。

　こうした思いから生まれた本書の柱は、

> ① 死亡・重傷・後遺障害といった深刻な事象が起こらない園の環境をつくる
> ② 「私たちの園では、深刻な事故なんて起こらない」という「偽りの安心感」を防ぐ
> ③ 職員一人ひとり、そして園全体で取り組み、その成果を保護者に効果的に伝える

の3点です。そうすることで、子どもの命にかかわる深刻な事故、ケガを防ぎつつ、保育園・幼稚園の先生方が本来の知識とスキルを発揮して、子どもたちの育ちをしっかりと支え、うながしていくことができるようになると私は考えています。

● 「ケガは学び」？　でも、命を落としてしまったら……
　では、これから、この3つの点を中心にお話をしていきたいと思います。本書に書かれていることは、今日から、皆さんの園で使っていただけることばかりです。そして、使っていただきたいことばかりです。お読みいただけばおわかりの通り、事故予防、ケガ予防という枠をこえて、皆さんの園をより良い「子どもの育ちの場」にしていくためのヒン

トを盛り込みました。お読みになっていて、ドキッとするところもあるはずです。「しまった！」と感じるところもあるでしょう。そうした気づきを、今日から、明日からの保育、教育に活かしていっていただければ幸いです。

　皆さんと一緒に、保育園・幼稚園をもっともっと良い「育ちの場」にしていきたい、それが私の願いです。重大事故を予防する、大きなケガを防ぐ、その重要性を私は自分自身の身と命の危険をもって学びました。でも、私のような学び方は人におすすめできるものではありません。ヒヤリハット体験から安全を学ぶ人は、たくさんいるでしょう。でも、もし「不運にも」死んでしまったら、あるいは大ケガを負ってしまったら、子どもも、おとなももう学ぶことはできない、学びを活かすことはできないのです。ですから、死亡や重傷、後遺障害が起こるような事態だけは避けなければなりません。人間は、他人の経験を見聞きして学ぶという能力を持っています。ヒヤリハットすら体験しなくとも、私たちはさまざまなことを学び、日々の生活に活かしていくことができるのです。

　子どもであれ、おとなであれ、私のような痛みを経験する人を減らすために、そして、もっと悪いことには命を落としてしまう子どもたち、おとなたちを１人でも減らすために、力を合わせていきましょう。

もくじ

まえがきにかえて──事故予防との出会い、保育園・幼稚園との出会い

- 38歳で単身渡米　1
- 事故予防との出会いは交通事故　2
- 「事故になんて、あうはずがない」　2
- そして、保育園・幼稚園との出会い　3
- 「小さなケガ」はあってあたりまえ、なのに……　4
- 本書の柱：死亡、重傷を予防し、取り組みを保護者に伝える　5
- 「ケガは学び」？　でも、命を落としてしまったら……　6

第1章　事故予防に取り組むことのむずかしさを理解しよう

- 事故が起きた、さあ大変！ ──────────────── 16
- 事故が起きた後の対応≠「リスク・マネジメント」──────── 18
- リスク・マネジメント＝「万が一の深刻なできごと」を予防する ── 19
- 事故予防に取り組む、そのむずかしさ ────────────── 21
  - （1）「自分には悪いことは起きない」と思う認知バイアス　21
  - （2）　安全や健康は後まわし　23
  - （3）　取り組みの成果が見えにくい事故予防　24
- 事故予防を通じて、保護者を味方につけよう ──────────── 28
- 園への信頼を高めておく重要性 ─────────────────── 29

第2章　事故予防に取り組むための基礎を知ろう

- 事故は予防できなくても、ケガの程度は軽くできる ─── 34
- 「子どもの事故」は起きて当然 ─── 35
- 「事故予防」から「深刻なケガ（傷害）の予防」へ ─── 37
- 「子どもの命を奪う危なさ」を取り除くのは、社会の責任 ─── 39
- 事故予防、ケガ予防を保護者支援につなぐ ─── 40
- ハザードとリスク ─── 42
- ハザードがあっても子どもに危害が及ばなければよい ─── 44
- 事故によるケガ、被害の特徴 ─── 46
- ヒヤリハットを多く見ているうちに起こる「偽りの安心感」─── 48
- 「偽りの安心感」は家庭でも起こる ─── 50
- 保育園・幼稚園では、リスクが軽視されやすい ─── 51
- 経験の長い職員ほど、リスクを軽視しがち ─── 53

第3章　ハザードをみつけ、効果的な対策を立てよう

- あなたの園で起こるかもしれない「万が一」─── 56
- 深刻なケガの予防だけでなく、ヒヤリハット減少にも ─── 57
- 園内外の安全チェック：基本は職員全体での情報共有 ─── 58
    - （1）　今ある情報を共有する　58
    - （2）　皆で園内のハザード、安全をチェックする　60
- 園内外の安全チェック：実践のポイント ─── 62
    - （1）　「最悪の事態」を考え、優先順位をつける　62

（2） ハザードをパターン、特徴として見る　65
　　① 高さ、傾き　70
　　② つまずきを起こすでっぱり、段差　73
　　③ ひっかかりを起こすでっぱり、すきま（特に窒息）　75
　　④ 手や足の指などがひっかかる、はさまる　78
　　⑤ とじこめられる　80
　　⑥ 表　面　82
　　⑦ 熱　84
　　⑧ 水（溺水）　84
　　⑨ 口に入る（誤嚥窒息）　86
　　⑩ 口に入る（毒物等の誤飲）　88
　　⑪ 動物、虫　89
　　⑫ 他の子ども　91
　　⑬ 子ども個人の特性　93

（3） 環境改善が第一、見守りは最後　96
　１）環境を変える　96
　２）職員側のルールを決め、実行する　97
　３）保護者側にルールを伝える、ケガの危険について伝える　99
　４）「子どものルール」（安全な遊び）をつくる　101
　５）子どもに安全を教える　104
　６）職員が見守る　107

第4章　安全の第一条件は、園内における「情報の風通し」

- ●「ここが危ないよ！」と率直に言いあえる園ですか？ ─── 112
- ●自由に話ができない園では、安全チェックも役立たない ─── 113
- ●若い先生、経験のある先生が協力できる態勢を ─── 114
- ●私たちは皆、認知の歪みを持っている ─── 115
- ●「私たちが見守る」という自信は大切だが…… ─── 116
- ●「見守る」という自信を持ちつつ、万が一に備える ─── 117
- ●「万が一は、私の園で起こるかもしれない」 ─── 118
- ●個人の責任追及ではなく、原因追究によって危なさの除去を ─── 119
- ●「私たちの園でも起こるかも」、これが安全づくりのスタート ─── 121
- ●他園の見学、友だちの家、……いつでもどこでもトレーニング！ ─── 122
- ●成長・発達、他の子どもとのかかわりを皆で考えて ─── 123

第5章　保護者に安全と事故予防の情報を伝えよう
　　　　──保護者を強い味方にする「前向きリスク・マネジメント」へ──

- ●子どもたちが育つからこそ、事故は起こる ─── 130
- ●「成長・発達・安全」という知識のセットを持つ ─── 132
- ●「リスク・コミュニケーション」で情報の質と量をアップ ─── 133
- ●「起きたときの言い訳」ではなく「事前の情報提供」 ─── 136
- ●家庭と保育園・幼稚園を、「安全」でつなぐ ─── 137
- ●「私の子どものために書かれている」という印象を ─── 142
- ●事故を、信頼醸成のチャンスに変える ─── 143
- ●園主体の、ポジティブなリスク・コミュニケーションを ─── 144

- ●クレーマー対応より、保護者を園の強い味方に ―― 145
- ●「文句を言ってこない＝味方」ではない ―― 146
- ●クレーマーとの「情報戦」に勝つためには ―― 148
- ●保育・教育のプロとして働くために ―― 149

第6章 【園長インタビュー】 安全チェック、ケガ予防対策を実施してみて

- ●社会福祉法人つくしんぼ保育園理事長・園長、前・日本保育士協会会長／
  久野順子先生 ―― 154

あとがき

- ●本書は「回答」ではなく、「考えるための枠組み」 162
- ●リスクについて、「想定外」をできる限り減らす 163
- ●「事故」の裏にある人の心を思いやる 164
- ●おわりに 166

本文イラスト／柚木ミサト

もくじ

> Column ＊もくじ

- 「子どもにケガをさせてしまった」？　17
- 人災対策——情報をもって情報を制す　20
- 安全対策の効果は計測できる　27
- 「パッシブ・セーフティ」と「アクティブ・セーフティ」　36
- 安全の３つのステップ　42
- 窒息、溺水には軽症がない　47
- ニュース、書籍等からも情報収集を　61
- 「だから、あそこはダメなのよね」はＮＧ　67
- 「頭だけ」ではダメ！——園内点検・人数確認のルール　81
- 安全は、「ゴール」の側から考えて！　85
- 子どもの特性に合わせた保育の重要性　92
- 「おとなの助けがあればできること」　102
- 話し方の基礎　114
- 「事故は起きてませんよ」：責任追及のゆく末　125
- 参加型園内研修で安全点検をしてみよう！　126
- 「安全」と「安心」は別のもの　135
- 『子どもの育ちと安全がわかる！　子育て安心カード』　140
- クレーマーをつくらない！　147
- クレーマー対応、ひとつの策　151

> 園だより文例　＊もくじ

- 家庭でも溺水予防を！　51
- ベランダにはイスや箱を置かないで　71
- 服やかばん、ヘルメットのヒモに注意！　77
- ソーセージでも窒息は起こります　87
- 「かむ」「ひっかく」はコミュニケーション！　95

第 1 章

事故予防に取り組むことの
むずかしさを
理解しよう

第 1 章
事故予防に取り組むことのむずかしさを理解しよう

事故が起きた、さあ大変！

「園で子どもがケガをしてしまった」「ケガをさせてしまった」という言い方・とらえ方に、リスク・マネジメントの第一歩を踏み出すためのヒントが隠されています。くわしくは、次ページのコラムをご覧ください。

「園で子どもがケガをしてしまった！」、そんなとき、皆さんはどのように対応していますか？ まず保護者に連絡、子どもを病院へ連れていき、迎えにきた保護者には担任と園長が説明をして……。必要ならば謝罪もするでしょうし、事故の現場にいあわせた職員と園長とで事故報告書も書かなければなりません。大変な作業ですね。

「事故予防」「リスク・マネジメント」と言ったときに、保育園・幼稚園の先生方がもっとも関心をお持ちになる点は、「迎えにきた保護者に説明をする」「謝罪をする」というところのようです。「いかにして、穏便にすませるか」「どうすれば、保護者とじょうずにコミュニケーションをとることができるのか」、多くの先生方がこの部分に心を砕いています。心を悩ませてもいます。保護者対応がうまくいかず、傷ついている先生も少なからずいます。だからでしょうか、傷害予防とリスク・コミュニケーションを専門とする私のところにいただくのも、多

第1章　事故予防に取り組むことのむずかしさを理解しよう

くがこうしたお話です。

　たしかに、ケガが起こったとき、あるいはもっと重大な事例（死亡等）が起こったときの保護者対応は、とても大切です。事故そのものではなく、事故に関連して職員や園長が思わず口にしたひと言が原因となって、とりかえしのつかない影響が保育園・幼稚園に及ぶ場合すらあります。地域に密着して子育てを担っている保育園・幼稚園だからこ

Column

「子どもにケガをさせてしまった」？

　保育園・幼稚園では、「子どもにケガをさせてしまった」という言い方をよく耳にします。「ケガをさせてしまった」と言うと、まるで、先生が子どもをなぐったり、つきとばしたりして意図的にケガをさせたかのように聞こえます。そんなことはありませんよね。

　人間の「ものの見方（認知）」は、言葉によってかたちづくられる部分が少なくありません。「お子さんに**ケガをさせてしまいました**。申し訳ありません」という言葉を聞いた保護者の心の中には、「園が悪い」というものの見方（認知）のクセ（パターン）ができてしまいかねないのです。

　園の側でも、「ケガを**させた**先生」という見方をしていませんか？　このように言うことで、ケガの原因を先生個人に押しつける歪んだ認知のパターンが生まれ、園全体として予防に取り組む努力をしなくなる可能性もあるのです。

　園の中でも、保護者に対しても、「〇〇先生がケガをさせてしまった」ではなく、「〜のときに、〜が原因で、子どもがケガをした」と言うように心がけてみてください。それが、「責任追及」ではなく「原因追究と次のケガの予防」を目指した安全の取り組みに向けた第一歩となります。

そ、ほんの小さなコミュニケーションの失敗が施設運営の命取りになることもあるでしょう。施設が公立であるか私立であるかを問わず、保護者対応に失敗することで、地域の子育て行政に対する住民の見方にも影響が出かねません。

事故が起きた後の対応≠「リスク・マネジメント」

しかし実のところ、こうした保護者対応は、「リスク・マネジメント」の本質ではないのです。なにかが起こってしまった後に適切な対応をとる、そのためにマニュアルなどの準備をしておくことは、「クライシス（危機）・マネジメント」と呼ばれ、リスク・マネジメントとは別のものです。もちろん、クライシス・マネジメントも大切です。でも、クライシス・マネジメント以上に重要なのは、真の意味のリスク・マネジメントに保育園・幼稚園が日々取り組み、リスクを下げ、クライシスを未然に防ぐことです。

「クライシス（危機）」に含まれるのは、深刻なケガや事故ばかりではありません。園の運営に打撃を与えるさまざまなできごと、あるいは、信頼の失墜なども含まれます。事故のように、突然起きて大きな影響を与えるクライシスだけでなく、ふだ

リスク・マネジメント
リスクのコントロール、クライシス（危機）の予防、日常の備え
- 事故・ケガ
- アレルギー・感染症
- 災害
- 信頼失墜…

クライシス・マネジメント
クライシス発生後の対応

リスク・マネジメントと
クライシス・マネジメント

第1章　事故予防に取り組むことのむずかしさを理解しよう

んのコミュニケーションがうまくいかない結果、園に対する信頼が徐々に失われていくようなクライシスもあるのです。こうしたクライシスが起きないよう、積極的、そして日常的にリスク・マネジメントに取り組む――、そうすることで、大きな事故やケガを減らすことができるだけでなく、保育園・幼稚園のさまざまな取り組みに対する理解を保護者と地域にもたらし、確固とした信頼関係をつくっていくことができるのです。

リスク・マネジメント＝「万が一の深刻なできごと」を予防する

　リスク・マネジメントの一般的な定義をあてはめて考えると、「保育園・幼稚園におけるリスク・マネジメント」の核は、起こるかもしれない「万が一の」「深刻な」できごとによって子どもの命が危険にさらされないよう、そして、保育園・幼稚園が悪影響を受けないよう、さまざまな面から事前の対策をとることです。事前の対策をするときには、影響が大きくなる可能性のある問題から優先的に取り組み、解決することが不可欠です。事故予防が、感染症対策やアレルギー対策、災害対策と同様に優先課題となるのは、このいずれもが「子どもの命」にかかわることだからです。

　同時に、保育園・幼稚園が事故予防や、子どもの命にかかわる他のリスクを下げるため、積極的に取

> **ポイント**
> リスク・マネジメントとは……
> ○起こるかもしれない「万が一の深刻なできごと」を予防すること。
> ○影響を最低限に抑える対策をすること。

19

> 積極的な情報発信がもたらす効果とは？下のコラムをご覧ください。

り組み、それを保護者や地域に伝えていくことで、「子どもの命を守る」以上の効果を得ることができます。「私の子どもが通っている園では、きちんと安全対策をしている」「子どもの成長や健康、安全について、家庭でも役立つ情報をいろいろ教えてくれるからありがたい」といった気持ちを保護者の中に育てることにつながり、本書の後半でくわしくお話しするように、ひいてはそれが園と保護者の間の強い信頼感へとつながっていくからです。

Column

人災対策 ── 情報をもって情報を制す

「災い」というと、病気や災害、事故が思い浮かびますが、もうひとつの大きな「災い」は忘れられがち。それは「人災」。特に「口は災いのもと」であり、園の運営に深刻な影響を与える場合もあります。

特に、今はインターネットの時代。情報はとても速く広がります。2011年3月11日の東日本大震災以降、Twitterなどの「情報発信・交換」サイトを用いる人も増えました。Twitterの場合、情報は瞬時に、不特定多数に拡散します。保護者や職員が書いた園のできごとが（事実であれ悪意のある嘘であれ）、日本中に広がることも十分ありうるのです。

Twitterなどの使用を制限することはできません。広がってしまった情報を打ち消すことも不可能です。私たちに今、できること、すべきことは、「情報をもって情報を制す」。積極的な情報発信とコミュニケーションを通じて、保護者と職員の関係、職員間のつながりを強固にしましょう。そして、そもそも「人災」「口災」が起きない、拡散しないようにするのです。たとえば、「○○さんが〜ってTwitterに書いてたけど、△△先生はそんな人じゃないよね。きっと嘘だわ」と、**情報の広がりを止めてくれる保護者（「園の強い味方」）を何人つくれるか**が鍵になります。

情報時代の今、保育園・幼稚園も積極的な情報発信者になる必要があるのです。

第1章　事故予防に取り組むことのむずかしさを理解しよう

事故予防に取り組む、そのむずかしさ

　しかしながら、事故予防は積極的な取り組みが日本社会全体でもなかなか行われていない分野です。保育園・幼稚園でも、感染症対策やアレルギー対策に比べると、ずっと進んでいません。「保育園・幼稚園における事故予防」というと、「きちんと見守りましょう」「立ち位置を考えて」「子どもの動きを先取りして」などの抽象的な言葉でいつも終わってしまい、「取り組んだつもり」「対策をした気分」になっているのが現状ではないでしょうか。

　これから説明していきますが、こうした対策の効果は他の方法に比べるとずっと低いのです。それだけではありません。「見守り」にしても「立ち位置」にしても、「とりあえずこう言っておけば、対策を立てて取り組んだ気持ちになれてしまう」、そのぶん、かえって危険ですらあります。

　ではなぜ、事故予防に取り組むことはむずかしいのでしょうか。その理由を説明していきます。

（1）「自分には悪いことは起きない」と思う認知バイアス

　事故予防の取り組みが簡単にはいかない大きな理由は、人間がそもそも持っている心理的な特性にあります。人間は、「悪いことは自分や自分の家族には起きない」と信じる「考えの歪み（認知バイアス）」

> **ポイント**
> 具体性のない「見守りをしっかり」「立ち位置に気をつけて」は、効果もないまま、予防に取り組んだ気分になるぶん、かえって危険。

　楽観バイアスは、80年代、Weinsteinが最初に報告。Weinstein ND. (1980). Journal of Personality and Social Psychology, 39, p.806.

を持っています。ケガであれ、病気であれ、災害であれ、落第であれ、「悪いことが自分に起こる確率」を低く感じるよう、最初からできているのです。そして、これは世界じゅうの人たちに共通してみられる心理的現象です。

　私の事故は、典型的な例ですね。「自分は衝突事故になんか、あうはずがない」と私は思っていました。もちろん根拠はまったくありません。後になって冷静に考えれば、私と同じように自転車に乗っているコロラド州立大学の多くの学生の中で、「私だけ」、衝突事故にあう確率が低いわけはないのです。私と同じように毎日、それなりに注意して自転車に乗っていた学生の中では、衝突事故にあう確率はみな同じ、その事実を私は理解していませんでした。いや、理解はしていたのかもしれませんが、「だからといって、私が事故にあうはずはない」とかたくなに信じていたのです。

　理屈でわかっていても、人間はこの根拠のない「楽観バイアス」を捨てることができません。予防しようのない数々の命の危険にさらされていた私たち人類の祖先にとっては、「自分は大丈夫」と楽観的になることが、生きていくうえで必要なことでもあったのでしょう。人類の祖先が楽観的でなかったら、見たこともない物を危険をおかしてまで食べてみたりはしなかったでしょう。ユーラシア大陸を移動したり、ベーリング海をわたってわざわざアメリ

ポイント

同じ環境、同じ条件なら、事故にあう確率は平等。それでも、「私（の家族、園…）は大丈夫！」と思うのが人間。

第1章　事故予防に取り組むことのむずかしさを理解しよう

カ大陸に移動したりもしなかったでしょう。楽観的であることは、現代社会でもとても大事なことです。でも一方で、この楽観バイアスゆえに、「自分は大丈夫」「ケガや病気、災害が私（の家族）にふりかかるわけがない」「自分の園で大きな事故が起こるはずがない」という気持ちになり、予防や対策をしないという行動にもつながってしまうのです。

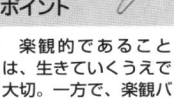

> **ポイント**
> 楽観的であることは、生きていくうえで大切。一方で、楽観バイアスはリスクの過小評価につながる。

（2）　安全や健康は後まわし

さらに、安全や健康は、日常生活の中でどうしても後まわしにされがちという問題があります。「からだをもう少し動かさなきゃ」「甘い物を少し減らそうかな」「チャイルド・シート、使ったほうがいいのよね」「ヘルメット、かぶらせなきゃ」「信号を

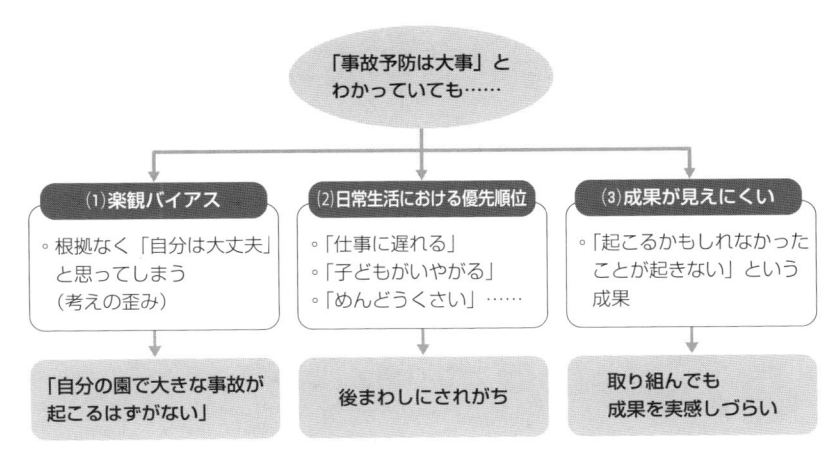

```
                「事故予防は大事」と
                わかっていても……
        ┌───────────────┼───────────────┐
  (1)楽観バイアス       (2)日常生活における優先順位   (3)成果が見えにくい
  ・根拠なく「自分は大丈夫」  ・「仕事に遅れる」        ・「起こるかもしれなかった
    と思ってしまう        ・「子どもがいやがる」        ことが起きない」という
    （考えの歪み）        ・「めんどうくさい」……       成果
        ↓                   ↓                    ↓
  「自分の園で大きな事故が    後まわしにされがち       取り組んでも
   起こるはずがない」                               成果を実感しづらい
```

事故予防に取り組むことのむずかしさ

> **ポイント**
> 頭でわかっていても、なかなか「できない」「やらない」のが安全行動であり、健康行動。

守らないと」……。

　誰でも、頭ではわかっています。でも、「できない」「やらない」のが人間。「今日はいそがしいから、運動できない」「今日は大変だった！　甘い物でも食べて、ストレス発散！」「早く保育園に連れていかなきゃ。子どもをチャイルド・シートに乗せてなんかいられない。今日はいいや」「あ、電車に間に合わない！　車、来ないから渡っちゃえ」。私自身、同じように感じて、安全も健康も（それなりに）無視した行動をしょっちゅうしています。安全も健康も、優先順位の一番にはならないのです。

　そうはいっても、命や生涯の健康にかかわるような点についてだけは、少しずつでも変えていくべきです。特に、事故はいつ、誰の身にふりかかるかわかりません。その「万が一」に備えて、命を守る行動をとるよう、私たち自身を、保育園や幼稚園を、そして、社会を変えていく必要があるのです。

（3）　取り組みの成果が見えにくい事故予防

> **ポイント**
> 健康行動は成果を実感しやすい。事故予防・傷害予防行動は、成果がなかなか目に見えない。

　事故予防の積極的な取り組みがむずかしい理由は、まだあります。事故予防というのは、取り組んでも成果が見えにくいのです。この点では、事故予防の行動と健康行動は大きく異なります。事故予防以外の世界を見ると、健康や命を守る行動には成果を感じやすいものがたくさんあります。たとえば、

第1章　事故予防に取り組むことのむずかしさを理解しよう

タバコをやめれば食べ物のおいしさを感じられるようになりますね。エクササイズを続ければ、気持ちもリフレッシュでき、「今日も運動できた！」という実感を得ることができます。がんやメタボリック・シンドロームの予防という長期的な効果は見えなくても、禁煙やエクササイズには、その場その場で感じられる効果や「できた」「できる」という実感があるのです。

　一方、事故予防の場合、予防に取り組んだからといって成果はあまり実感できません。なぜなら、事故予防の効果は「事故が少なくなる」「事故によって起こる深刻なケガが減る」「ケガの数が減る」、それだけだからです。つまり、「起こるかもしれなかったことが起きない」ことが成果であり、それは事故予防の対策をしたから起きなかったのか、対策をしていなくても起きなかったのか、それすら、わからない場合が多いのです。

　事故を予防する行動の中には、「横断歩道を渡る」「信号を守る」「子どもに刃物やライターを持たせない」といった、事故やケガの発生そのものを減らす行動もあります。しかし、「事故の発生そのもの」とはまったく関係ない安全行動もたくさんあるのです。ヘルメット、チャイルド・シート、園の手洗いやテーブルの角につけるクッション……。こうした物を使っていたからといって、自動車衝突事故や、子どもが角に頭や顔をぶつける事故そのものが減る

> **ポイント**
> 　予防の成果＝起こるかもしれなかったできごとが起きないこと。「なぜ起きなかったのか」を知るのは容易ではない。

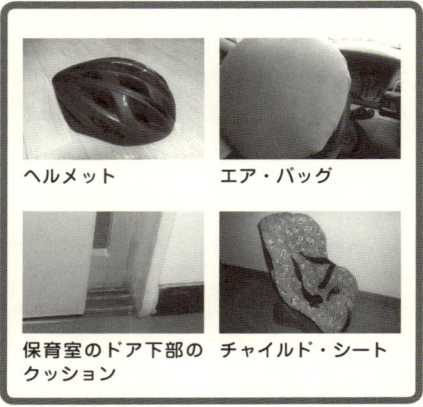

「事故の発生」を減らす方策	万が一事故が起きたときの「ケガの程度」を下げる方策
横断歩道／信号／石油ファンヒーターのチャイルドロック／ベビーベッド	ヘルメット／エア・バッグ／保育室のドア下部のクッション／チャイルド・シート

ポイント

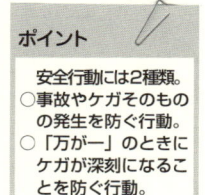

安全行動には2種類。
○ 事故やケガそのものの発生を防ぐ行動。
○ 「万が一」のときにケガが深刻になることを防ぐ行動。

　わけではありません。こうした装具や工夫は、「万が一事故が起きたとき」、ケガの程度が軽くてすむようにするものだからです。そうなるとよけい、ヘルメットをかぶらせていたからといって、「事故を減らしている」という気持ちにはなれない。成果が見えないだけに、「かぶらせなくてもいいかな」と感じてしまうことになります。

　また、日本のようにある程度、安全な環境が提供されている社会では、深刻な事故はそうひんぱんには起こりません。保育園1園、幼稚園1園だけでは、めったに起こらないと言ってもいいでしょう。そうすると、事故予防をしたからといって、「事故の減少」「深刻なケガの減少」という成果が明らかに見えることは多くないのです。たとえば、子どもが転んで、テーブルの角に顔をぶつけたら、「あ

あ、ここにクッションを付けておいてよかった！」と思うでしょう。テーブルや階段のように「なくてはならないもの」「なくせないもの」の場合、ケガやヒヤリハットは必ず起きますから、柵を取り付けたり、クッションを付けたりといった対策をとることで、その対策の効果をある程度、目で見ることが

下のコラムの研究は、Sibert JR et al. (1999). BMJ, 318, p.1595.

Column
安全対策の効果は計測できる

　子どもが多く遊ぶ公園のような場所であれば、安全対策の効果をケガのデータで明らかにすることも可能です。保育園・幼稚園でも、件数の多いヒヤリハットまできちんと記録していれば、遊具の入れ替えをした前後の変化をみることができます。

　たとえば、英国カーディフ市では、危険だと指摘されていたうんていを公園から撤去し、より安全な遊具に入れ替えました。また、クッション材として地表に敷いてあった樹皮片の厚さも30センチから60センチにしたのです。そして、これを実施した前後の18か月間、この公園で遊ぶ子どもの数とそこで起きた骨折の数を調べました。一方、同市内の別の公園（遊具の入れ替え等はなし）でも、同じ期間に遊ぶ子どもの数と骨折の数を調べ、2つの公園の結果を比較しました。

　すると、遊具の入れ替えを行い、クッションの厚さを増した公園では、遊んでいた子どもの数あたりのケガが0.93（変更前）から0.27（変更後）と、統計学的に有意に（偶然に起こる変化以上の確率で）減少したのに対し、別の公園では、0.43から0.35と（統計学的には）変化がみられなかったのです。つまり、遊具の入れ替えとクッション材の厚さ増は、骨折減少に効果があったと言えます。

　ちなみに、「安全な遊具は子どもに人気がない」「危ない遊具ほど、子どもたちは喜ぶ」と言われることもあります。しかし、この英国の観察研究では、遊具の入れ替え前後で、遊ぶ子どもの数に（統計学的に有意な）変化はみられませんでした。「安全な遊具は楽しくない」という仮説は、この研究では支持されなかったのです。

> 産業技術総合研究所デジタルヒューマン工学研究センター傷害予防工学研究チームでは、傷害データ収集・分析、予防に役立つ研究を進めています。

> 危険と思われる遊具を取り除いた効果は目に見えるかたちで表れるのか？ 前ページのコラムをご覧ください。

できます。でも、そうした対策の「前」と「後」でどれくらい「深刻なケガが減ったか」という成果の実感は、きちんとデータをとっていない現在、なかなかわからないのです。

　一方、環境から危険な遊具などを取り除く対策をとった場合を考えてみましょう。その物そのものを取り除いてしまったら、当然、事故は起こりませんよね。結果として、「危険な物があった場合」と「危険な物がない場合」の事故の数やケガの程度を比べることは難しいため、「危険を取り除いた効果」は見えにくいということになります。すると、「あの遊具、危険だからって撤去したけど、ほんとに撤去が必要だったの？」「子どもに遊び方を教えればよかったんじゃない？」というような議論も起こるのです。

　以上のように、禁煙やエクササイズとは違って、事故予防には、努力の結果を感じられる成果が少ないのです。エクササイズのように努力の結果を個人が感じやすい行動であっても、続けることはなかなか容易ではないのですから、事故予防が取り組まれにくいのは当然と言えるかもしれません。

事故予防を通じて、保護者を味方につけよう

　事故予防の効果は、明らかには見えないかもしれません。けれども、朗報があります。保育園・幼稚

第1章　事故予防に取り組むことのむずかしさを理解しよう

　園の場合、事故予防に取り組み、取り組みの情報を活用することで、日々、目に見えて、かつ感じられる成果をあげることができます。すなわち、事故予防の取り組みを保護者に積極的に伝えることで、保護者を「園の強い味方」にし、より多くの保護者と園のつながりを強くすることができるのです。

　情報を積極的に公開し、伝えることは、保護者との日々のコミュニケーションをより良くすることにつながります。毎日毎日、より多くの保護者とコミュニケーションをはかり、保護者に情報を提供し、園の強力な味方をつくり、保護者や地域と園のつながりを強めておくことには、普遍的な価値があります。そのような努力を続けていくことで、重大な事故に限らず、大小さまざまな「万が一」のできごとが起きたとき、園が受ける社会的なダメージを軽くする効果を得ることができるのです。

> **ポイント**
> 隠蔽は信頼を落とすだけ。事故・ケガ予防の取り組みを積極的に公開・活用することで、保護者を「園の強い味方」に！

園への信頼を高めておく重要性

　リスク・コミュニケーションのさまざまな研究から、組織や企業がなにか問題を起こしたときに市民や消費者が感じる気持ちは、ふだんその組織や企業がどう見られているかによって異なることがわかっています。もともと信頼されている組織や企業に対する市民や消費者の気持ちは、その組織や企業でなにか問題が起きても、それほど悪化することがな

> このテーマの研究はたとえば、Siegrist M et al. (2000). Risk Analysis, 20, p.713.やCvetkovich G et al. (2002). Risk Analysis, 22, p. 359.

> **ポイント**
> 問題が起きたときに組織がこうむる社会的影響の大きさは、その組織に対して市民が持つ信頼感に左右される。

く、信頼の回復も早い。ところが、信頼されていない組織や企業に対する気持ちは、問題が起きたときには大きく悪化する。そして、一度信頼が失われると、市民や消費者はその組織や企業が出す情報を信じなくなり、そう簡単には信頼を取り戻すことができないことも研究結果からわかっています。

　これは、保育園・幼稚園にもあてはまります。ふだんから「うちの子が通っている園は、安全についてきちんと取り組んでいるし、家で役立つ情報も教えてくれる」と感じ、園を信頼している保護者であれば、園でちょっとした事故が起きても、園が出した報告を信用し、「この経験を活かして、予防に取り組んでくれるだろう」と思うはずです。

> **ポイント**
> ふだんから高い信頼を得ておかないと、小さな問題がきっかけとなって不信や不安が広がる。

　けれども、信頼感が薄く、「うちの子の園ではしょっちゅう子どもがケガしているけど、対策はちゃんとしているのかな。うちの子は大丈夫かしら」と感じる保護者が多いような施設では、前者の園で起きたのと同じ程度の事故でも、「え、そんなことがあったの？　うちの子にも起こるかも」という不信が保護者の中で広がりやすく、小さなケガでもクレームが増える可能性がおおいにあるということになります。

　そして、20ページのコラムで書いたように、Twitterやブログ、保育園・幼稚園評価サイトのようなメディアを通して不信をあおるような情報が広まったら？　そうした情報に反論する手立ては、園

の側にはありません。悪い評判が一度広まってしまったら、勝ち目はないのです。

保育園・幼稚園における事故予防は、単に事故を予防するだけにとどまらない価値を持っています。後でくわしく述べるように、園における事故予防の取り組みを保護者に伝え、家庭における子どもの安全の情報もあわせて提供する――そうすることで、保護者と園のつながりを強化していく。これがひいては、クレームの減少、悪い情報（または嘘の情報）の拡散予防、園と保護者、地域の間の信頼感の醸成につながっていくのです。

事故予防という、一見、「悪いことを減らす」だけのリスク・マネジメントを、保育園・幼稚園にとってプラスになる活動に変えていく。私はその気持ちを込めて、このアプローチを「前向きリスク・マネジメント」と呼んでいます。「前向き」には、「積極的な姿勢」と同時に、「悪いことが起きたときのことを考えて、いろいろな対策を立てておく（先まわりした＝プロアクティブ、proactive）」という意味も含まれます。

では、次の章から、前向きリスク・マネジメントの具体的な取り組みについてみていきましょう。

> **ポイント**
> 「前向きリスク・マネジメント」で、事故予防、ケガ予防をプラスの活動に変えていこう！

第 2 章

事故予防に取り組むための
基礎を知ろう

第2章
事故予防に取り組むための基礎を知ろう

事故は予防できなくても、ケガの程度は軽くできる

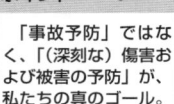

> **ポイント**
> 「事故予防」ではなく、「(深刻な)傷害および被害の予防」が、私たちの真のゴール。

　本書では便宜上、「事故予防」という言葉を使いますが、事故予防の核心は、事故そのものの予防ではなく、「事故の結果として起こる、深刻なケガや被害の予防」です。

　事故を予防することは、容易ではありません。不可能な場合すらあります。たとえば、あなたが車を運転しているときのことを考えてみてください。交通ルールを守り、細心の注意を払いながら運転していることでしょう。ところがある日、横道から酔っ払い運転の車が突然飛び出してきて、あなたの車にぶつかった！　これが事故の典型例です。あなたの注意や安全運転とは無関係に「事故」は起こり、こうした事故は、あなたの側の努力では防ぐことができません。

　だからといって、お手上げではないのです。酔っ払い運転の車がぶつかってきたとしても、あなたがそれで命を落とす確率は今の日本では低いでしょう。なぜかというと、シート・ベルトを装着してい

るおかげで、ガラスに頭を強打したりすることはほとんどないからです。場合によってはエア・バッグが飛び出てきて、あなたの命を守ってくれます。交通ルールだけでなく、自動車側の安全の質も向上したことにより、衝突事故によって起こる「傷害の程度（重傷度）」は数十年前に比べ、ずっと低くなりました。衝突事故がたとえ起こっても、あなたが命を落としたり、重傷を負ったり、後遺障害に苦しんだりするようなことは、かなりの確率で防げるのです。

> エア・バッグは製品そのものに埋め込まれた、受動的な安全システムです。一方、私たちも、個々が意識して（能動的に）安全対策をとらなければいけません。次ページのコラムをご覧ください。

「子どもの事故」は起きて当然

　自転車ヘルメットも良い例です。補助輪なしで自転車に乗れるようになった子どもたちは、気持ちも誇らしく、どこにでも走っていこうとします。でも、すぐ転びますし、注意力も十分ではありません。ようやく自転車に乗り始めた子どもたちに、おとな並みの能力と注意力を要求することはもちろん無理です。ですから、「子どもが転ぶ」「なにかにぶつかる」という事故そのものは、起きて当然。でも、事故が起きたときに頭を強打してしまうようなことは避けたい。ヘルメットをかぶっている場合、頭に深刻なケガを負う確率は、かぶらない場合に比べて圧倒的に低くなります。自転車に乗っているときの子どもの事故（転倒や衝突）は防ぐことができな

> 自転車ヘルメットの傷害軽減効果、死亡減少効果は複数の研究があります。複数の研究結果をまとめ、統計学的に分析し直した（メタ分析）論文は、Attewell RG et al. (2001). Accident Analysis & Prevention, 33, p.345.

いとしても、ヘルメットをかぶらせることで、事故によって起こる頭部（脳）外傷の可能性、またはその程度は下げられるのです。

　保育園・幼稚園でよく起こる、子ども同士の衝突事故も同様です。子どもたちが元気よく走りまわっ

> **Column**
>
> ### 「パッシブ・セーフティ」と「アクティブ・セーフティ」
>
> 　事故の予防策、あるいは事故が起きたときのケガの程度を下げる対策は、パッシブ・セーフティ（passive safety、受動的安全）とアクティブ・セーフティ（active safety、能動的安全）の２つに大きく分けることができます。そして一般的に、パッシブ・セーフティのほうが、アクティブ・セーフティよりも効果的です。
>
> 　パッシブ・セーフティに入るのは、車のエア・バッグや、指切断防止機能のついたシュレッダーです。つまり、製品や環境に埋め込まれていて、私たち人間が意識的に注意してなにかをする必要のない安全策です。製品そのものを安全にする、環境を安全にするといった努力はこちらに属します。
>
> 　一方のアクティブ・セーフティは、人間が意識して行わなければいけない安全策すべてです。たとえば、チャイルド・シート、シート・ベルト、自転車ヘルメットといった装具はすべて、アクティブ・セーフティに入ります。人間が「使おう」「かぶろう」「かぶらせよう」と考え、実行に移す（それも正しい方法で！）ことがない限り、こうした装具の価値はゼロです。交通ルールを守る、危険な行動をしない、といったこともアクティブ・セーフティに属します。
>
> 　23〜24ページで説明した通り、「万が一のために大切」と頭ではわかっていても、アクティブ・セーフティになかなか取り組まないのが人間です。けれども、環境・製品をすべて完璧に安全にすることはほぼ不可能です。保育園・幼稚園の職員はアクティブ・セーフティに日々取り組んでいる方たちです。子どもに、そして保護者にアクティブ・セーフティの大切さと実践の方法を伝えることができる立場にあるのです。

ている中で、衝突そのものを防ぐことはとてもむずかしい課題です。勢いあまって、遊んでいる別の子どもをつきとばしてしまったりすることもよく起こりますね。そのとき、床や地面にとがった物や、むき出しのコンクリートなどがなければ、負うケガは軽くて済むでしょう。遊び場の環境整備・点検を通じて、事故が起きたときのケガの程度を軽くすることができるのです。

> **ポイント**
> 事故は予防できないことも。だが、事故によるケガの程度は下げることが可能。死亡や重傷も今以上に予防できる。

「事故予防」から「深刻なケガ（傷害）の予防」へ

以上が、「事故予防」と「傷害予防」の違いです。事故そのものには、人間がいくら努力しても防げない場合が少なからずある。けれども、その事故によって起こる被害の程度は、積極的な対策をとることで下げることができる。保育園・幼稚園であれ、家庭であれ、戸外であれ、子どもの事故が起きたとしても、その事故によって子どもが死んでしまったり、重傷を負ってしまったり、後遺障害を残してしまったりすることは、多くの場合、防ぐことができるのです。

ちなみに、このような「事故予防から傷害予防へ」という考え方の変化は、1970年代以降、欧米の傷害予防研究者の間で出てきたものです。「事故（アクシデント）」という言葉は、日本語でも英語でも同様に、「その人にふりかかった不幸」「防ぎようの

> 「傷害はアクシデント（不運で予防不可能な事象）ではない」という最初の意見論文は、Doege TC. (1978). NEJM, 298, p.509. 学術誌BMJ（British Medical Journal）は2001年、論文中で「アクシデント(accident)」という言葉を使うのを禁止し、「傷害予防(injury prevention)」を推奨（BMJ, 322, p.1320）。

ないもの」という意味合いをもっています。「その人が不注意だったから」「運が悪かったから」と、被害にあった人に原因を帰するニュアンスもあるのです。

　でも実は、冒頭の交通事故の例で説明したように、被害を受ける本人とは無関係に起こってしまう「事故」が多くあり、そういった場合、被害者側の原因をいくら考えても予防にはつながらないのです。反対に、事故そのものの理由にかかわらず、事故によって人がこうむる被害の程度を下げる方法はたくさんあります。「事故予防」ではなく「傷害予防」という言葉を使おう、防ぎようのない事故が起こってもその子ども、その人が命を落とさないよう、重傷を負わないよう、誰にとっても効果のある方法を考え、普及させていこう、これは世界的な動きです。日本ではまだまだ、このような考え方が普及しておらず、事故にあった人たち、事故の場にあわせた人たちの「不注意」や「運」のせいにする傾向が残念ながらあります。

　ただ、日本語で「傷害予防」と言うと、すり傷や切り傷、骨折などの外傷だけのように受けとめられてしまいがちで、誤飲や誤嚥、窒息、溺水などの深刻な事象が抜け落ちてしまうという問題があります。「しょうがいよぼう」と耳で聞いたときに、いろいろな「しょうがい」が頭に浮かんでしまい、わかりにくいのも事実です。ですので、本書では便宜

> **ポイント**
> 「子どもが転ぶ原因」はたとえわからなくても、転んだ結果（ケガ）を軽くする対策はとれる、ということ。

上、「事故予防」を使っていきます。しかし、ここでの話の本質は、事故の予防ではないということ、事故そのものは避けられなくても、それによって起こる結果（傷害）の程度を下げることが重要だという点を、まずはっきりと理解していただきたいと思います。

> **ポイント**
> もう一度、ここで強調。
>
> 事故予防≠
> ケガ予防、安全対策

「子どもの命を奪う危なさ」を取り除くのは、社会の責任

「子どもの事故予防」「ケガ予防」の努力に対し、「子どもは、ケガをしながら育っていくものだ」「少しぐらい怖い思いをしなければ、子どもの注意力は育たない」と言う方たちもいます。

一方、保育園・幼稚園では、ちょっとした子どもの切り傷やすり傷に対して訴訟を起こさんばかりに苦情を言ってくる保護者も少なくありません。子どもたちを力いっぱい遊ばせたい、からだを動かすことで成長・発達をうながしていきたい——これは保育園・幼稚園の大切なゴールであり、そのために起こる小さな傷は、必要不可欠なことだと保護者にも思ってほしい。そんな保育園・幼稚園の意識と一部の保護者の心情の間には、今、大きなギャップがあります。

このような意識の違い、葛藤を乗り越えるためには、まず、「子どもの事故予防」の重要なゴールは、たとえ事故が起こっても「子どもが死なないよ

> **ポイント**
> 子どもの事故、ケガについては、意識や認識に大きな違い、ギャップがあり、「真のゴール」が共有されていない。

うにすること」「子どもが重傷を負わないようにすること」、そして、「子どもが後遺障害を負わないようにすること」だという点を明確にする必要があります。

　日本の環境には、子どもたちの力では気づくこともできない深刻な危険、たとえ気づいたとしても子どもの力では自分の命を守れないような危険がまだまだたくさんあります。そうした危険に子どもをさらしておいて、「自分で注意する力をつけろ」と言うのは明らかに間違っています。幸運にもなんとか命を落とさず、「次からは注意をしよう」と思う子どもたちもいるでしょう。でも、命を落としてしまったら、その子はもうなにも学ぶことができません。その悔しさを社会に伝えることすらできないのです。さらに、たとえ数週間の入院で済んでも、子どもたちの心、保護者の心には深い傷（心的外傷後ストレス障害、PTSD）が残ることがわかっています。

　子どもの力では気づくことのできない危険、みずから命を守ることができないような危険については、「安全にしすぎるな」云々という言い方ではなく、おとな（社会全体）がきちんと対策をとることが不可欠なのです。

> **ポイント**
> 子どもには気づくことのできない危険、子ども自身では命を守れない危険から子どもを守るのは、社会の責任。

> ほんの数日の入院でも、子どもだけでなく保護者にもPTSDが残るという報告。
> Bryant RA et al. (2007). Behaviour Research and Therapy, 45, p.2502. やLandolt MA et al. (2003). Journal of Child Psychology and Psychiatry, 44, p.199.

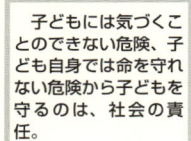

事故予防、ケガ予防を保護者支援につなぐ

　以上の点をまずはっきりさせると、成長・発達の

過程で起こるケガ、あるいは集団生活の一部として起こる事故について、保育園・幼稚園がとるべき取り組み姿勢が明確になります。まずは、保育園・幼稚園の環境の中から、子どもたちの学びの機会を永遠に奪うような可能性のある危険を取り除く。危険そのものを取り除くことができないのであれば、そこに子どもが近寄れないようにする、子どもに危害が及ばないような策をとる。そして、そうした取り組みを積極的に、きちんと保護者に伝えて、施設としての意識と安全性をアピールすることです。

　これと並行して、「成長・発達の過程では、ケガが必然的に起こる」「集団生活は、子どもの育ちにとってとても大切。でも、集団であるがゆえに起こるケガがある」と、保護者に伝えていくことです。もちろん、このとき、言い訳のように聞こえる伝え方をしてはいけません。子どもの育ち、成長のステップを保育園・幼稚園がきちんと見守っていること。その中で必然的に起こるケガについて、予防や対策に関する情報提供をしていくこと。この２点をしっかり、ポジティブな姿勢で伝えていくことが、園のリスク・マネジメント、保護者支援、安全教育、さらには、保育園・幼稚園における保育・教育の質の向上へとつながっていくのです。

　次ページのコラムでは、危険を取り除く、危害が及ばない努力をする、情報を伝えるという「安全策の３つのステップ」をくわしく解説しています。

ハザードとリスク

　前項で、「日本の環境には、子どもたちの力では気づくこともできない深刻な危険、気づいたとしても子どもの力では自分の命を守れないような危険がある」と書きました。こうした危険の存在におとな

Column

安全の３つのステップ

　安全の専門家の間では、「安全策」は３つの段階に分けられています。
① 製品や環境から危険を取り除く。
② 製品や環境から危険を取り除けない場合、または、取り除く努力をした後も危険が残ってしまった場合には、その危険によって、人に危害が及ばないような努力をする。
③ 上の２つの努力をした後にも危険が残ってしまった場合には、人に注意と安全行動をうながす。

　保育園・幼稚園を例に説明しましょう。①は、子どもの力ではコントロールできない箱ブランコのような危険な遊具を撤去する。②は、棚やテーブルなどのとがった角をクッション材でおおう、資材庫や給食室に鍵をかける、ヘルメットやチャイルド・シートを使う。③は、①や②をした後にまだ残る危険について、職員、子ども、保護者がルールや安全策を立てて取り組む。「見守り」もこれに含まれます。

　「パッシブ・セーフティ」と「アクティブ・セーフティ」（36ページ）の項で述べた通り、人間の意識的な行動を必要としない「環境・製品レベルの安全策」をとれるのであれば、それがもっとも効果的です。ですから、原則的には社会、企業、保育園・幼稚園ともに①から取り組み、残った危険については②と③で対応するのが正しいアプローチなのです。

　しかし実際には、特に日本の場合、①もきちんと取り組まれていないのが現状です。危険を残したまま、「使用上の注意」を小さな字で羅列し、消費者や子どもの自主的な注意にゆだねて製造者責任を果たしたつもりになっている商品が多いことは、皆さん、よくご存じですね。

第2章　事故予防に取り組むための基礎を知ろう

が気づくこと、これが子どもの命を守る第一歩となります。

そこでまず、「ハザード」と「リスク」という2つの概念を理解するところから始めましょう。

ハザードとは、人の命、財産、環境などに悪影響を与える可能性のある「危険」を指します。ドクロの印のついた毒薬や活動中の火山などは明らかに危険だとわかりますが、ハザードはそういったものに限りません。たとえば、自動車も自転車も、衝突・転倒等によって人の命を危険にさらす可能性があります。保育園・幼稚園の環境で言えば、階段、プール、ある程度の高さのある遊具やブランコなども、転落、溺水、衝突などの可能性があるハザードなのです。

ここで、「え、園にあるものもそんなに危険なの？」と思われた方もいらっしゃることでしょう。ちょっと待ってください。ハザードという概念と一緒にもうひとつ、「リスク」という言葉についても考えてみましょう。日常よく使う言葉ですが、リスクは次のように定義されている概念です。

> **ポイント**
> 「子どもにとって深刻な危険」におとなが気づく——子どもの命を守る第一歩。

> **ポイント**
> 「ハザード（危なさ）」の観点からみると、園には無数のハザードがある。

リスク＝ハザードの深刻さ×そのハザードによって被害が起こる確率

たとえば、紙用シュレッダーによる子どもの指切断事故を例に挙げましょう。指切断は深刻なハザードであり、2006年までに11人の子どもが指（の先端）を失うケガをしています。その後、シュレッダーの

経済産業省『紙用シュレッダーによる幼児の指切断事故に関する調査の結果について』（平成18年10月20日）

43

デザインには改良が加えられ、同様の事例は起きないような対策がとられました。シュレッダーの刃というハザード（深刻な危険）は変わらず、機械の中に入っていますが、そのハザードによって子どもが指を失うことは、（今のシュレッダーでは）起きないことになります。「ハザードによって被害が起こる確率」は事実上ゼロ、ハザードの深刻さと掛け合わせたときのリスクもゼロになります。

> **ポイント**
> ハザードは変わらず存在しても、そのハザードによるケガのリスクをゼロに近づけることはできる。

ハザードがあっても子どもに危害が及ばなければよい

つまり、ハザードがどんなに深刻であっても、それによって人に危害が及ぶ確率がゼロであれば、またはゼロに近ければ、リスクもゼロまたはゼロに近くなるのです。保育園・幼稚園の場合、たとえば階段の上に鍵のかかる柵が設置されていて、子どもが転落する危険がまずなければ、リスクは小さくなります。一方、漂白剤や消毒液が保育室の手洗い場の下の棚にしまってあれば、子どもが誤って口にする確率は低いとはいえ、ゼロにはなりません。けれども、同じ漂白剤や消毒液を鍵がかかる資材室の棚の高い位置に置いておく行動を職員が確実にできれば、リスクはゼロに近くなります。

このように考えると、保育園・幼稚園にハザードがあるかどうかではなく、問題は、そのハザードによって子どもが危険にさらされるかどうかであるこ

> **ポイント**
> 園の環境に「危険な場所はある」「危険な物はある」という前提に立つことが重要。

とがおわかりいただけると思います。これから説明していきますが、保育園・幼稚園の環境には実際、ハザードがたくさんあります。「私の園には、危険な場所も物もない」と考えることは大きな誤りであり、大きな事故を招く原因となります。まず、「危険な場所」「危険な物」はあるという前提に立つこと。そして、

> ① 危険な物をなくす、取り除く（撤去）
> ② 危険な場所や物に子どもが近づけないようにする（柵、鍵付きドア、フタなど）
> ③ 危険な物を子どもから遠ざける（手の届かない場所に置くなど）
> ④ ①〜③ができない場合には、子どもに深刻な影響が及ばないようにする（クッション材、見守りなど）

といった対策をとる必要があります。

「子どもに危険を教えればいいのでは？」「職員が見守っていればよいのでは？」とお考えになりましたか？　その点については、第3章の（3）（96ページから）できちんと説明します。とりあえず、ここで言っているハザードとは、子どもの判断能力や対応能力を超えるような危なさである点を理解してください。たとえば、歩き始めた幼児に、汚物洗い槽やバケツにたまった水の危なさを説明して「近寄っちゃダメ」と言っても、溺水を予防することはできません。2歳の子どもを高い所に登らせておいて、

ポイント

　第3章の（3）で述べる通り、まず①から検討を始め、①が不可能なら②か③を。④、特に「見守り」は最後の手段と考えて。

> **ポイント**
> 「ダメ！」「自分で判断しなさい！」と乳幼児に言っても、命は守れない。まず、おとなが対策を。

「危険を自分で判断して行動しなさい」と言うのは安全教育でもなんでもありません。成長・発達段階に応じて「子どもには理解できない危なさ」「自分で身を守れない危なさ」については、おとなが対策をとる以外に方法はないのです。

事故によるケガ、被害の特徴

いくつかのハザードについて前項でふれました。では、同じハザード（例：特定の階段、特定の遊具）があったら、常に同じ程度のケガ、同じ程度の被害が起こるのでしょうか？　特定の場所で同じような小さなケガが複数起こる場合、「ここで起こるのは、いつもこの程度のケガ」と考えていいのでしょうか？　そうではありません。そして、ここに事故予防を進めるうえで私たちが直面する、もうひとつのむずかしさがあります。

> **ポイント**
> まったく同じ条件で起きた事故でも、それによって生じるケガの程度は異なる。

事故によるケガは、窒息や溺水を除き、左図のような分布をすることがわかっています。仮に、まったく同じ環境で、まったく同じハザードによって、同じ子どもが何百回も同じ事故にあったとしましょう。まったく同じ位置から、一人の子どもが何百回も落ちたと仮定するとわかりやすいかも

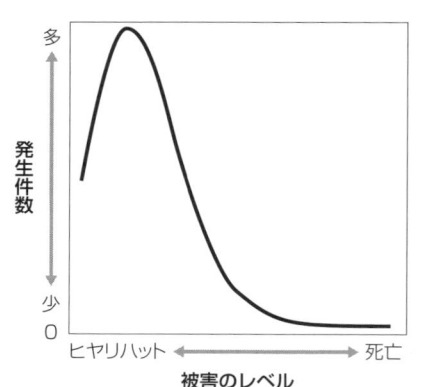

被害のレベル別発生件数分布モデル（窒息、溺水を除く）

第2章 事故予防に取り組むための基礎を知ろう

Column
窒息、溺水には軽症がない

　前ページの図のような分布をしない事故もあります。それが、食べ物や物、ヒモなどによる窒息と、溺水です。窒息と溺水には、軽度・中等度の被害がありません。詰まった物を吐きだすなどして、呼吸ができない状態がすぐに解消され、健康な状態に戻るか、逆に一定時間以上呼吸ができないまま死亡するか脳に障害を残すか、どちらかの結果しかないのです。

　ということは？　窒息や溺水は、「たとえ万が一であっても、起こったら結果は深刻になりうる」ということです。そう考えて、窒息や溺水予防のための対策とチェックを必ずしましょう。本来、保育園・幼稚園は「子どものために作られた環境」ですから、窒息や溺水を起こす環境、物は決して多くありません。保育園であれば、汚物洗い槽が子ども用トイレと同じスペースにあって、位置が低い場合には溺水の危険がありますから、重いフタをしましょう。保育園でも幼稚園でもプールがある場合には、使用しないときに水が入っていないか、子どもが出入りできるようになっていないかを常に確認しておく必要があります。

　また、園環境の中に水のたまったバケツはないか、水飲み場に水がたまっていないかなどを毎朝チェックすることが不可欠です。さらに、遊具やフェンスなどになわとびのヒモやロープがかかっていないか、保育園の場合であれば、3歳以下の子どものクラスに、子どもが誤嚥または誤飲をするような玩具や小物がないかといった点を、毎日、始業前に確認しましょう。

子どもは持ちあげられない重さのフタ（汚物洗い槽）。裏側には滑りどめも付けてあり、滑り落ちない。

しれません。その子の落ち方は、いつも同じでしょうか？ その子が負うケガの程度、ケガの場所はいつも同じでしょうか？ 1回1回、違いますね。そして、その子が負うケガはこのグラフの形が示すように、たいていの場合、「幸運にも」とても軽いものなのです。

でも、もう一度、図をきちんと見てください。横軸（x軸）を右にずっと見ていっても、グラフはゼロに近づくだけで、ゼロになることはありません。たいていの場合は無傷や軽傷ですむ事故でも、「万が一」、あるいは「百が一」や「千が一」の確率で重傷や死亡が起こる可能性はないとは言えないのです。これが事故によるケガの特徴なのです（ただし、窒息、誤嚥窒息、溺水はこのパターンとは異なります）。

ヒヤリハットを多く見ているうちに起こる「偽りの安心感」

ポイント
「いつも、すり傷、切り傷だから」……。偽りの安心感が対策を遅らせ、「万が一」のできごとを引き起こす。

「偽りの安心感 (immunity fallacy)」は、Will KE. (2005). Accident Analysis & Prevention, 37, p.947.

では、この特徴が事故予防の取り組みをむずかしくしている、とはどういうことでしょうか。

人間は、ヒヤリハットや軽傷のケースをたくさん見ているうち、または経験しているうちに、「ああ、事故が起きてもこの程度ですむ」「大丈夫だ」と感じ、「偽りの安心感」を抱くようになるのです。

たとえば、むき出しのコンクリート・ブロックで囲まれた花壇が園庭にあるとしましょう。子どもが、コンクリート・ブロックを平均台に見立て、

渡って遊ぶことはよくありますね。そして、なかには足を踏み外して転ぶ子どもがいます。コンクリートで足をこすったり、膝をぶつけたり、地面に手をついて切ったり……。さまざまなケガが起こりますが、たいていはこのように手足のすり傷、切り傷。「たいしたことない」傷なのです。ケガが起こることはわかっていても、「あそこではたいしたケガにはならないから」という気持ち（偽りの安心感）が育っていくのです。

　ところがある日、まったく同じコンクリート・ブロックで、同じように足をすべらせた子が、顔をブロックにぶつけてしまった！　そして、口元が切れて、歯も欠けてしまうようなケガ、あるいは、目のまわりを大きく腫らせてしまうようなケガをするのです。そこで初めて、「顔にもケガをするんだ」と気づき、「もしかしたら、後頭部を打つようなこともあるかも」と考えて、コンクリート・ブロックの上に緩衝材をかぶせたり、コンクリート・ブロックを他の素材に入れ替えたりといった対策をとる園もあるでしょう。

　でも、もしかしたらもう手遅れかもしれません。昨今、子どもの顔に傷がついたことに激怒した保護

> **ポイント**
> 　大きなケガが起きてから対策をとったのでは、手遅れの場合も少なくない。

者が訴訟を起こすこともありうるからです。手足のすり傷、切り傷で「安心」していると、このようなことにもなります。

「偽りの安心感」は家庭でも起こる

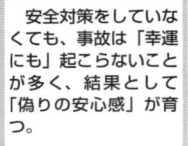

　同じことは、もちろん家庭でも起こります。「早く保育園に連れていかなきゃならないのに、どうしてチャイルド・シートに座るのをいやがるんだろう。もういいや。今日は、助手席に乗せてしまおう」、そう思った保護者は、「チャイルド・シートに座らせなかったけど、事故は起きなかった」という「偽りの安心感」を感じます。そして次の日も、「座らせなくても大丈夫」と思う。そうやって、毎日、チャイルド・シートに座らせることなく、「偽りの安心感」を育てていってしまうのです。

　でも、すでにおわかりの通り、「チャイルド・シートをしているかどうか」は、衝突事故が起こるかどうかとは無関係なのです。チャイルド・シートは、「万が一」事故が起きたときのために使用するものですから。「チャイルド・シートに座らせなくても、事故は起きない」というのは、誤った考え方（認知）です。しかし、家庭であれ、保育園・幼稚園であれ、日々の忙しさの中では合理的判断ができない場合も少なくありません。そして、くりかえしになりますが、そもそも、人間はなにごとにつけ、

> **ポイント**
> 　安全対策をしていなくても、事故は「幸運にも」起こらないことが多く、結果として「偽りの安心感」が育つ。

「私（の子ども）は大丈夫」「私（の子ども）にたいしたことは起きない」という楽観の方向に傾いてしまう心理的傾向を持っている生き物なのです。

保育園・幼稚園では特にこの「偽りの安心感」という人間心理の問題を職員一人ひとりがきちんと意識して、事故予防を考える必要があります。

保育園・幼稚園では、リスクが軽視されやすい

ここまでまず、子どもの事故予防、ケガ予防に保育園・幼稚園で取り組むための基本となる視点をお示ししました。

保育園も幼稚園も、子どものためにデザインされ、子どものために作られた特別の環境です。一般

園だより文例

家庭でも溺水予防を！

「子どもは水遊びが大好きですね。お風呂も大好き！ でも、水はとても危険なものでもあります。ほんの数センチの水でも、子どもは溺れてしまうことがあるのです。私たちの園では、毎朝、園の中に水がたまった所がないかチェックしています。ご家庭でも、水には要注意！」

「私たちの保育園では、汚物を洗う槽が子どものトイレの横にあり、そこにはいつも水がたまっています。万が一、子どもがその水に顔をつけて溺れてしまわないよう、汚物洗い槽にフタを付けました。ご家庭でも、歩き始めから2歳の誕生日ごろまでは、浴槽に落ちて溺れることがあります。残し湯はしない、残し湯があるときは重いフタをする、お風呂のドアに鍵をかけるなどの工夫をしてみてくださいね。」

家屋のように、そもそもおとなが生活するために作られた場所とはまったく違います。ですから、家の環境に比べれば、園の環境は子どもにとってずっと安全な場所なのです（たとえば、下表のような検討も行われています）。

表　保育環境別にみた事故内容

事故内容	自宅群	保育所群	幼稚園群	計
打撲	82 (42%)	25 (48%)	29 (85%)	136 (48%)
誤飲	75 (38%)	10 (19%)	0 (0%)	85 (30%)
熱傷	24 (12%)	10 (19%)	0 (0%)	34 (12%)
刺傷・切傷	7 (4%)	4 (8%)	3 (9%)	14 (5%)
骨折	6 (3%)	2 (4%)	2 (6%)	10 (4%)
溺水	1 (1%)	0 (0%)	0 (0%)	1 (0%)
咬傷	1 (1%)	0 (0%)	0 (0%)	1 (0%)
ガス吸引	0 (0%)	1 (2%)	0 (0%)	1 (0%)
計	196 (100%)	52 (100%)	34 (100%)	282 (100%)

出典：長村敏生他「自宅保育児と集団保育児における病院受診事故の発生件数の比較」『チャイルドヘルス』5（8）、診断と治療社、2002

> **ポイント**
>
> リスク・マネジメント失敗の第一歩：「これまで大きな事故は起きていないから大丈夫」。

そうはいっても、次章以降で説明するように、園にはさまざまなハザードがあり、子どもが命を落としたり、重傷を負ったりするリスク、命はとりとめても重大な障害を残すようなリスクは存在するのが現実です。「これまで大きな事故は起きていないから、私の園は安全だ」と思いこむことが、リスク・マネジメントの失敗の第一歩です。「園には危険がある」と考えたうえで対策をほどこし、必要な点については毎日でもチェックする努力がリスク・マネジメントとしては不可欠になります。

そして、保育園・幼稚園が一般家屋の環境に比べて安全だということは、園で働く人たちは保護者以上に、今、目の前にあるリスクを軽視しやすいということでもあります。「すり傷しか起きていないから大丈夫」「ヒヤリハットばかりだから、大きな事故は起きない」と考える「偽りの安心感」については、すでに述べた通りです。子どもが集団で過ごす保育園・幼稚園では、毎日、多くのヒヤリハットが起き、ひんぱんに軽傷の事故が起きます。つまり、保育園・幼稚園では、ヒヤリハットや軽傷があたりまえのできごとになってしまい、偽りの安心感が強くなりすぎて、「今までは軽傷ですんでいたけれども、万が一、ここで最悪の事態が起きたら？」と考える習慣がなくなってしまうのです。

> **ポイント**
> 「保育園・幼稚園は家庭より安全」＝保育園・幼稚園の職員、特に経験の長い職員ほど「偽りの安心感」に陥りやすい。

経験の長い職員ほど、リスクを軽視しがち

　当然のことですが、リスクを軽視する傾向は、経験の長い職員のほうが強くなりがちでしょう。新任の保育士、幼稚園教諭は、子どものケガが起きるたびにびっくりして、右往左往します。でも、ヒヤリハットや軽傷を経験するうちに、「この程度なんだ」「これなら大丈夫」という気持ちが生まれ、日々の経験の中で強化されていきます。「経験を積む」「うろたえずに対応する」という意味では良いことでしょうけれども、一方でリスクの軽視につながる課

題でもあります。

　実際、私が現場で、「先生、これはちょっと危ないと思いませんか？」とお話ししたときに、「え、私たちがちゃんと見守っているから大丈夫ですよ」「これまで大きな事故は起きていませんから」と（ちょっと不機嫌そうに）おっしゃるのは、たいてい経験の長い先生です。もちろん、先生方の自信の現れでもあり、経験の上に立っての言葉でしょう。後半で説明するように、皆さんの自信はもちろん大事です。でもこのことは一方で、保育園・幼稚園における事故予防をむずかしくしかねない非常に深刻な課題でもあるのです。

　子どものために作られた環境だからこそ、そして、子どもをみる専門家だからこそ、事故のリスク、深刻なケガのリスクを軽視しかねない課題を抱えている——この点をまず意識したうえで、保育園・幼稚園における安全チェックのポイントをみていきましょう。

第 3 章

ハザードをみつけ、効果的な対策を立てよう

第3章

ハザードをみつけ、
効果的な対策を立てよう

あなたの園で起こるかもしれない「万が一」

おさらいをしましょう。保育園・幼稚園には、さまざまな種類、さまざまなレベルのハザード（子どもになんらかの危害が及ぶ可能性のある危険）があります。中には死亡や重傷、後遺障害を残しかねないものもあります。けれども、「確率的に言えば」、そのような深刻なハザードがたとえあっても、子どもたちの命に深刻な被害が及ぶ可能性は46ページの図で示したように低いのです。

ただし、「確率的に低い」ということは、あなたの園で「深刻な事故が起きない」という意味ではありません。反対に、「万が一」「百が一」、あなたの園でも起こる可能性があるということです。たとえば1,000回に1回、死亡を引き起こす、まったく同じハザードがあなたの園も含め、日本全国の保育園・幼稚園1,000園にあったとしましょう。その場合、どの園で、いつ、どの子どもが死亡するか、誰にもわからないのです。条件が同じである限り、確率はどの園にとっても平等であって、「私の園では

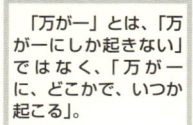

> **ポイント**
> 「万が一」とは、「万が一にしか起きない」ではなく、「万が一に、どこかで、いつか起こる」。

起きない」と言える理由はどこにもありません。

これがいわゆる「事故」の持つ特徴であり、「万が一」に備えた予防策が必要となる理由なのです。

深刻なケガの予防だけでなく、ヒヤリハット減少にも

一方、先ほどの図（46ページ）を反対の視点からみると、次のようなプラスのことも言えます。あなたの園にひとつのハザードがあるとします。たとえば、遊具に破損があって子どもたちが手足をすりむいているような場合です。その破損のために、たくさんのヒヤリハットや軽傷が毎日、起きますね。もし、その破損を「すり傷程度だから」と軽視することなく、きちんと補修していたら？　すり傷はなくなります。そればかりか、「万が一の最悪のできごと」、たとえばその破損箇所に服のフードのヒモやカバンのヒモがひっかかって窒息、というような深刻な事象も未然に予防することができるのです。

ヒヤリハットや軽傷のときに対策をとっておけば、すでに起きているヒヤリハットや軽傷だけでなく、「万が一」「百が一」の深刻な事故を防ぐこともできる可能性がある。そう考えれば、ハザードをきちんとみつけて予防対策をとることは、いつ、どこで起こるかわからない「万が一」「百が一」の予防のためだけでなく、日々の小さなケガ予防のためでもあることがおわかりいただけると思います。

ポイント

ある「危なさ」によって起こるケガは、氷山のようなもの。頂上にある深刻なケガをなくすことで、氷山全体（ケガ全体）も小さくなる。

園内外の安全チェック：基本は職員全体での情報共有

　子どもが死んだり重傷を負ったり、後遺障害を残してしまったりするような深刻な事象を防ぐためには、まず園内、園庭、園外（散歩に行く場合など）の安全チェックを行う必要があります。すでにどの園でも行っている事故報告書、あるいはケガ報告書やヒヤリハット報告書も、安全チェックの材料となります。

　ではまず、安全チェックの基本を考えましょう。

（1）　今ある情報を共有する

　事故報告書はもちろん、ヒヤリハット報告書を書いている保育園・幼稚園もたくさんありますね。こうした報告書、役立てていますか？　担任の先生が書いただけ、主任や園長がハンコを押しただけ、で終わっていませんか？　こうした報告書は、事故予防のための「宝の山」なのです。

　東京都のある区では、公立保育園の看護師さんたちが中心になって、ヒヤリハットや事故の報告を月に一度、各園で共有してきました。最初は、「責められているみたいでいやだ」という保育士さんの抵抗感も強かったそうです。そこでこの看護師さんたちが徹底したのは、

　①　話し合いの場では、絶対に個人を責めない

> **ポイント**
> 事故・ヒヤリハット対策を考えるときは、「責任追及」ではなく「原因追究」の態度で。個人を責めるのは無意味で有害（125ページのコラム参照）。

② 「事故の責任追及」ではなく、「ケガの原因追究」に徹する
③ どうしたら同じような事故、ケガを予防できるかを皆で考える

という「話し合いのルール」でした。

　明らかなルールのもとで話し合いを進めることにより、事故予防に対する保育士さんの気持ちも次第に変わってきたといいます。事故は隠すものではなく、予防に向けて皆で考え、対策をとるものであること。なによりも、同じ園の同じ場所でいろいろな子どもがケガをしているような事例がわかってきたこと。そして、皆で考えることで「ここをこう変えたら？」「こうしてみたら？」という知恵が出てくるようになったことが、こうした取り組みのポイントです。担任と園長だけで保護者に対応して、書類を書いて終わり、これでは「同じ場所でくりかえされるヒヤリハットや軽傷」のような、もしかすると深刻な「万が一」も起こりかねない事例がわかりません。

　別の地域のある公立保育園では、Ａ５サイズの簡単なヒヤリハット・事故報告を保育士さんが毎日記入し、翌日の朝、他の保育士も見えるような場所に広げて置いておくという取り組みをしています。この方法の良い点は、

① 担任以外も前日に起こったヒヤリハット、ケガがわかるので、その子ども（たち）の保護

> **ポイント**
> 子ども同士の衝突など、「事故そのものは予防できない」とわかったら、「ケガを軽くするには？」と考えよう。

者から話があったときに理解でき、適切に対応できる。

② 同じ場所で起こるケガ、似たようなパターンのケガに気づくことができる。

③ 情報が古くならない。会議の時間が節約でき、人前で発表するストレスがない(もちろん、この園では情報共有だけでなく、対策を考える会議も行っています)。

また、この園の記入シートには、ヒヤリハットにあった子ども、ケガをした子どもの成長・発達状況を簡単にチェックできる項目も設けられています。これは子どもの成長・発達と安全、事故予防の関連を学んでいくうえで非常に役立ちます。

> **ポイント**
> ヒヤリハット・事故報告書に、子どもの成長・発達の情報を加えるのも良いアイディア。

(2) 皆で園内のハザード、安全をチェックする

次は、園内、園外の安全チェックです。ここでは、安全チェックに役立つポイントを説明していきます。ただし、この章だけを読んでチェックを始めてはいけません。始める前に必ず参加者全員が第4章を読んで内容を理解し、意識して行動してください。保育園・幼稚園で働く一人ひとり、特に園長先生や経験の長い先生たちが、安全チェックをする意味、事故予防とケガ予防に取り組む意義と具体的な方法を理解していないと、安全チェックはまったく効果がありません。それどころか、第4章に書いた

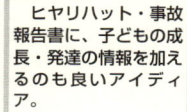

ような心理的問題を理解せずに安全チェックをしたら、かえって逆効果。園内の危険を温存し、見逃す文化を助長してしまうことにもなります。

　また、ここでは、すでに皆さんの保育園・幼稚園が「ヒヤリハットやケガ事例の情報共有」に慣れていて、「あそこでこんなケガがあった」「こんなヒヤリハットがあった」ということを、職員の中でお互いに報告しあえる環境にあるということを前提にし

Column

ニュース、書籍等からも情報収集を

　「園にあるハザードによって、万が一起こるかもしれない最悪の事態を考えましょう」と言われても、実際に園で起こるのは軽傷やヒヤリハットばかり……。想像力も働かない、と思われる方もいらっしゃるでしょう。

　確かに人間の想像力は、私たちが思うほど豊かではありません。人間はそもそも「いろいろ、いちいち考える」のがめんどうくさい生き物。それゆえに、さまざまな認知の歪み（モノの見方、考え方のクセ）を使って、なるべく考えずにすまそうとするのです（心理学の世界では、人間はcognitive miser［認知的ケチ］と呼ばれています）。

　けれども、子どもの命がかかっているとなっては、話は別。新聞やテレビで報道される事故やケガのニュースを職員みんなでどんどん持ち寄って、「万が一の最悪」を考えてみてください。そのとき、報道されたできごとの背景にこだわる必要はありません。たとえば、子どもが何かにはさまれて大ケガをしたニュースであれば、「どのくらいのすきま？」「何歳の子ども？」といった具体的な部分に注目したうえで、「私たちの園にもそういうすきまはないかな」「はさまっちゃう所はないかな」など、「同じような条件」「同じような危なさ」がないかを考える材料にするのです。

　どんなニュースでも想像力の種になります。「そんなひどいこと、私たちの園で起こるわけがないじゃない！」、このひと言だけは禁句ですよ。

ています。もしそのような環境になっていなければ、前項に戻って、情報共有の場、方法をつくるところから始めてください。

園内外の安全チェック：実践のポイント

では次に、安全チェックの大切なポイントをみていきましょう。

(1)「最悪の事態」を考え、優先順位をつける

園内外のチェックを行うときには、「もしここで『最悪の事態』が起きたとしたら、どんな結果になるだろう」と皆で考えてください。「最悪の事態」と言っても、それほど多種多様なケースはありません。下に示したように、子どもの命にかかわる、あるいは障害を残す可能性のあるケースがそこで起こらないかどうかを、まず考えていただきたいのです。

□脳外傷（頭のケガ）
□四肢手指等の切断
□食べ物、小物、ヒモ等による窒息
□溺水
□熱中症、低体温症など（閉鎖空間で）
□毒物（洗剤、漂白剤、消毒液、ホウ酸団子、殺鼠剤など）
□顔の傷、めだつ傷

第3章　ハザードをみつけ、効果的な対策を立てよう

「最悪の事態」を考えるときに、「大丈夫よ」「小さいケガしか起きていないから」「見守っていればいいんじゃない？」「子どもはそんなこと、しないわよ」といった言葉は禁句です。新聞やテレビで見た事故のニュースや、他の保育園・幼稚園で起きた事例などを参考に、「こんな結果になってしまうかも」と、皆で想像力を働かせてください。そして、最悪の事態が起こると考えられる場所、物に関しては、優先的に対策を立てるのです（対策の優先順位については、96ページから）。

ちなみに、一番下の「顔の傷、めだつ傷」は、命にかかわるものではありません。でも、今、保育園や幼稚園で子どもの顔やからだに傷が残るような事故が起こると、訴訟や賠償の原因になりかねないことは、皆さん、よくご存じの通りです。そのようなケースが起きると、保育園・幼稚園にとっては大きなダメージになります。「顔の傷ぐらい」とお思いになる先生もいらっしゃるでしょう。でも、残念ながら、時代は変わったのです。

とはいえ、保育園・幼稚園の集団生活の中で、一人の子どもも顔にケガをしないようにすることは不可能です。ここで最初に述べた、「前向きリスク・マネジメント」の意義が出てきます。園での子どもたちの遊び、動き、成長・発達、そしてそれと密接につながった事故予防、ケガ予防の取り組みを積極的に伝えることで、「小さなケガは（顔の傷であって

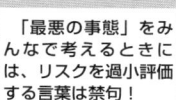

> **ポイント**
> 「最悪の事態」をみんなで考えるときには、リスクを過小評価する言葉は禁句！

> **ポイント**
> 「顔の傷」を気にする保護者は多い。「たいした傷じゃない」「顔の傷ぐらい」は、通用しないという認識を。

> **ポイント**
> 園の味方を増やす一方で、理解しない保護者の子どもは「注意して」扱うぐらいの気持ちで。保育と組織防衛のバランスを。

も）、成長・発達の中で当然のことなのだ」「私の子どもが行っている園は、安全と育ちのバランスをちゃんと考えて保育をしてくれている」ととらえる保護者、「園の強い味方」を増やしていくことが不可欠になっています。

　一方で、園の努力にもかかわらず、理解のない保護者も残念ながらいます。その子どもたちに対しては、やはり職員全体で共通認識をもったうえで特別な注意を払い、ケガが起きないようにする必要があります。「特別扱いして過保護にしたら、その子のためにならない」とお感じになる先生もいらっしゃるでしょう。その気持ちは、とてもよくわかります。でも今は、「保育・教育」と「組織（園）防衛」のバランスを考えなければならない時代であり、親を見ながら保育をせざるをえない場合もある時代なのです。

　ケガが起き、保護者対応で園が疲弊し、本来の業務（子どもの保育、教育）全体に影響が出たのでは本末転倒です。保育・教育を通じて保護者に情報と知識を伝え、子育てを支援していくことは、保育園・幼稚園の重要な機能です。けれども、直接に「親を育てる」「親を変える」ことは、保育園・幼稚園の先生方の仕事ではありません。特に、徒労に終わることが明らかな保護者対応のケースでは、職員全体で「それなりの」対応を最初からしておき、組織と職員の防衛を図ることが重要です（この点について

は、第5章の最後の項もあわせてお読みください)。

(2) ハザードをパターン、特徴として見る

ハザードを下の囲みのような「パターン」、あるいは「環境や物の特徴」として把握する訓練をしていくことで、別の保育園・幼稚園、またはいつもと違う公園や遊び場に行ったとき、危険を容易に発見することができるようになります。

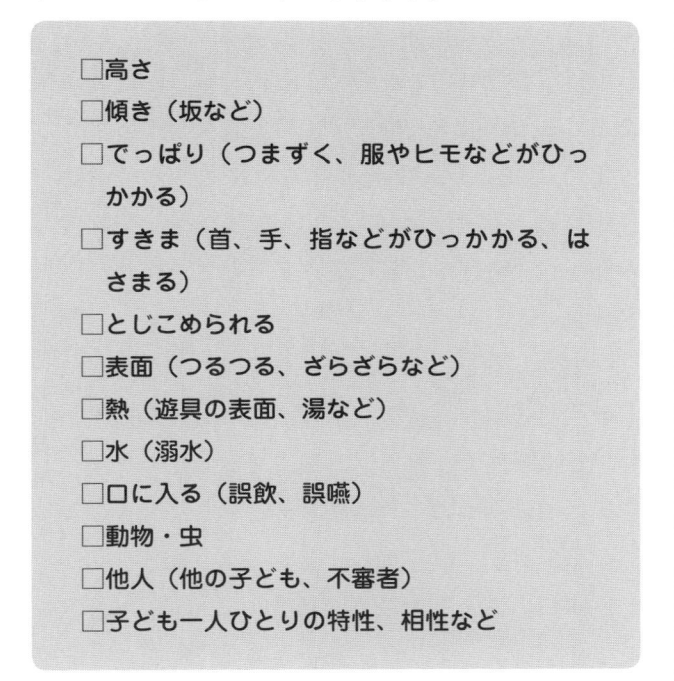

> **ポイント**
> ハザード(危なさ)を特定の場所、特定の物としてだけでなく、環境や物のパターン、特徴としてとらえよう。

□高さ
□傾き(坂など)
□でっぱり(つまずく、服やヒモなどがひっかかる)
□すきま(首、手、指などがひっかかる、はさまる)
□とじこめられる
□表面(つるつる、ざらざらなど)
□熱(遊具の表面、湯など)
□水(溺水)
□口に入る(誤飲、誤嚥)
□動物・虫
□他人(他の子ども、不審者)
□子ども一人ひとりの特性、相性など

「パターンとして把握する」とは、どういうことでしょうか。たとえば、埼玉県の公立保育園で2005年、4歳児のお子さんが本棚の中で亡くなるケース

が起きました。この事例を聞いたとき、皆さんはどうお感じになりましたか？「私の園には、あの本棚はないから大丈夫」「空になっている棚はないから、あんな事故は起きない」「子どもの顔を覚えていない保育士がいるなんて！　私の園ではそんなことない」、と思ったりはしませんでしたか？

　これが「特定の場所」の「特定の情報」にとらわれた考え方で、めんどうくさがりの人間が持つ認知バイアス（考え方、ものの見方の歪み）の典型例です。こう考えれば、一瞬にして「私たちの園は大丈夫」という安心感にたどりつくことができ、悲劇と距離をおくことができるのです。けれども、このように考えることで、あなたの目の前にもある「同じパターンのハザード」「似たような危なさ」を見逃しかねない、危険から目をそらしてしまいかねないのも事実です。

　一方で、もしこうした事例を見聞きしたときに、そのハザードの「特徴」や「パターン」を抽出して考えることができると、自園にある同様のハザードを積極的にみつけ、対策を考えることができるようになるのです。

　実際に、考え方を変えてみましょう。「本棚の中で亡くなってしまった」という条件、危なさを一般的にしてみるのです。一般的に言えば、「子どもが中に入って、出られなくなってしまう場所」「とじこめられてしまう場所」「子どもが隠れたら、みつ

> 悪い出来事の原因を「特定の場所」「特定の人」のせいにすることは、「私たちの園は大丈夫」という偽りの安心感につながり、何の教訓も得られません。次ページのコラムをご参照ください。

けることのできない場所」や、「子どもが中に入った状態で、気温が上がる（下がる）と危険な場所」ということになります。

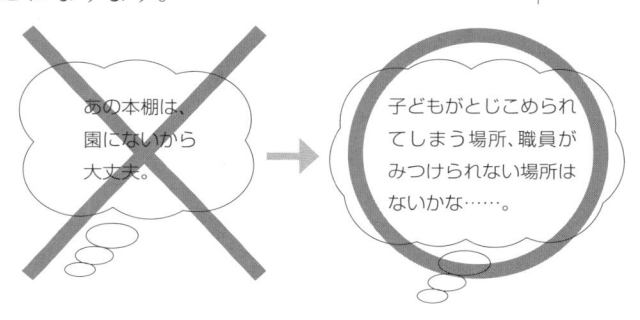

（バツ印）あの本棚は、園にないから大丈夫。

→ 子どもがとじこめられてしまう場所、職員がみつけられない場所はないかな……。

ハザードをパターンとして見る
（特定の場所・条件を一般化して考える）

Column

「だから、あそこはダメなのよね」はNG

　人間が持つ「認知のバイアス」のひとつに、「悪いできごとの原因を、特定の個人や集団のせいにしがち」という傾向があります。「あの先生だから（ケガが起きたのよ）」「あの自治体の保育行政がなってない」「だから、○○園は……」。実際には、原因がその個人や集団とは無関係な点にあったとしても、人間はこのような判断をしがちなのです。

　特定の個人や集団のせいにしてしまえば、「だから、私たちは大丈夫」と感じることができます。でも、その「大丈夫」が偽りの安心感であることは、もうすでに皆さん、おわかりですね。偽りの安心感の上にあぐらをかいて、「万が一の最悪」があなたの園で起きるのを待つよりは、他の施設で起きた事故、ケガからできるだけ多くを学ぶほうが賢い方法です。

　「え、○○園でそんな事故、ケガが起きたんだ」……。次に出てくるひと言が、「だから、あそこはダメなのよね」では×。「どこで、どんなふうに起きたの？」「それ、うちにもあるかもね（うちでも起こるかもね）。ちょっと考えてみようよ」が○。

> **ポイント**
> 個別のケースから「一般的なパターン」「特徴」を抽出。そのパターン、特徴を自園にあてはめて！

　さあ、どうでしょう？　このように一般的に考えると、皆さんの保育園・幼稚園にも「危険な場所」が、ほぼ100％あります。子どもが中に入って、出られなくなってしまう（みつけられない）場所は、資材庫や教材室、リネン室などさまざまありますね。子どもたちで出入りして遊んでいるうちに、外の子がドアを閉めてしまい、鍵がかかってしまうこともあるかもしれません。私自身も複数の園で、廊下の低い位置にある棚（鍵付きの引き戸）、階段下の小さな空間を利用した物置などを見ています。いずれも、子どもが十分に入ることのできるスペースで、扉を閉めてしまったら中は真っ暗という狭い空間です。つまり、先の本棚での死亡事例は、環境という側面から言うならば、その保育園に特有だった「異常な問題」ではなく、多くの保育園に存在する危険なのです。

　では、65ページに示したハザードについて、それぞれみていきますが、その前にもうひとつだけ。

> **子どもの事故予防、子どものケガ予防、安全は、子どもの一人ひとりの育ちと表裏一体である。**

ということを常に考え、保育・教育の場面と考えあわせながら、ここから先をお読みください。

　子どもは、「～ができるようになった！」「～をしてみたい！」「～が楽しいよ！」といった気持ちを毎日持ち、いろいろなことに挑戦します。その中で

ちょっと失敗！　あるいは、ちょっとやりすぎちゃった！　ということがケガにつながります。つまり、事故やケガの大部分は、子どもたちの成長・発達と密接に結びついている。そして、安全について考え、安全を確保するということは、子どもの成長・発達に合った環境づくり、生活条件づくり、遊びや学びづくりをすることそのもの。そう考えていただければ、実は、本書をお読みの先生方一人ひとりが、すでに子どもの安全のエキスパートとなる要件を備えているのだという気持ちを持っていただけると思います。

> **ポイント**
>
> 　先生方一人ひとりが「子どもの安全」のエキスパート。安全チェックと予防対策を通じて、エキスパートにみがきをかけて！

① 高さ、傾き

　高さは「落ちる」「転ぶ」につながるハザードです。そして、特に「落ちる」は、子どもの命にかかわりかねません。

　窓、階段、遊具、ベランダ、イス、テーブル、ベッド、棚など、保育園・幼稚園にはさまざまな「高さ」があります。もちろん、あらゆる「高さ」がすべての子どもにとって同じように危険だというわけではありません。子どもの成長・発達に応じて、どの高さがどのように危険なのかは異なります。先生方は、この点を私よりもずっとよく理解していらっしゃるでしょう。

　ただし、高さは「その物ひとつだけ」で考えてはいけません。

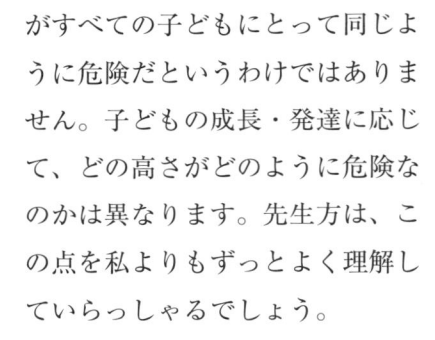

園内の階段：ステップの角には滑りどめがついています。

園庭にある朝礼台：子どもたちは登ったり飛び降りたり……。年齢によっては危険もあります。

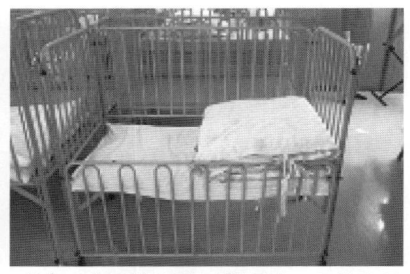

ベビーベッドの柵：寝返り、つかまり立ち……、発達段階によって安全な高さは変わります。

「子どもの背で届くはずがない」と思えるベランダや窓も、イスを持ってくれば届いてしまいます。また、はいはいやつたい歩きぐらいの子どもでも、「登る」という意思がないまま、気がついたら高さのある場所にいるという場合もあります。たとえば、立ち上がって足を上げ下げしているうちにベッド柵に足をかけてしまい、ベビーベッドから転落、という場合がこれにあたります。

傾きとは、たとえば道路や公園の坂です。歩き始めの子どもの場合、下り坂で走りだしてしまうと自分では止められず、勢いがついて転んでしまう場合がありますね。ある程度、自分のからだの動きをコントロールできるようになった子どもでも、雨の後や木の根が出ているような坂では、転ぶ可能性が高くなります。どの成長・発達段階の子どもたちにとって、どんな条件の坂がどのように危ないのか、皆さんで考えてみてください。

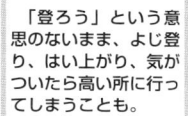

> **ポイント**
>
> 「登ろう」という意思のないまま、よじ登り、はい上がり、気がついたら高い所に行ってしまうことも。

園だより文例

ベランダにはイスや箱を置かないで

「ベランダからのお子さんの転落は、命にかかわります。子どもは小さな箱やプランター、エアコンの室外機など、どんな物でも足がかりにして登っていってしまうもの。ベランダには足がかりになる物を置かず、子どもが一人でベランダに出ないよう、窓や網戸には必ず鍵をかけましょう。私たちの園の場合、ベランダには物を置いていません。また、子どもが届く高さの窓は、5センチ以上開かないよう、金具でとめてあります。」

このとき、子ども一人ひとりの特質だけでなく、クラス全体、集団としての特質も考えて、手のつなぎ方やならび方を工夫することも必要になります。
　たとえば、すぐ走り出す子ども、まわりに気をとられやすい子どもは、先生が手をつないだり、先生の近くを歩かせたりしますよね。異年齢で散歩に行く場合は、たとえば2歳児と5歳児で手をつながせ、5歳児に「みんなはおにいさん、おねえさんなんだから、ちゃんと○○組さんを守ってあげるんだよ」と教育する方法もあるようです。
　蛇足になりますが、高さ（転落や転倒）に限らず、これから述べていく段差（つまずく、転倒）、すきま（ひっかかる、はさまる、落ちる、すり抜ける）などについては、どの成長・発達段階にある子どもがどの程度の高さからどのように落ちるのか、どの程度の高さまで登っていってしまえるのか、どの程度の高さから落ちるとどの程度のケガをするのか、どの程度の段差でつまずいてどんなケガをするのかは、まだまだデータが足りません。ヒヤリハット・事故報告書には、高さや段差の情報を数値で記録する、現場の写真を撮るなどしてデータを集め、子どもの成長・発達（年齢・月齢だけではなく、からだの大きさや身体能力なども）と合わせて考えていくと、「成長・発達に合わせた安全」をより具体的に考えていけるでしょう。

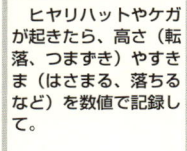

> **ポイント**
> ヒヤリハットやケガが起きたら、高さ（転落、つまずき）やすきま（はさまる、落ちるなど）を数値で記録して。

② つまずきを起こすでっぱり、段差

　床や地面のでっぱりだけでなく、畳やカーペットの端なども、つまずきの原因になります。

　つまずきも「高さ」同様、成長・発達と深く関係します。つたい歩きをするまでは、多少の段差は関係ありませんね。はいはいでは、つまずきようがないのですから。けれども、立ち上がるようになったら、ほんの小さなでっぱりが転ぶ原因になります。どうしてもカーペットやラグを敷く必要がある場合には、端が床から浮かないよう、テープなどで縁と角をしっかり固定してください。

　でっぱりにつまずいて転ぶのは、おとなでもすること。子どもが転ぶこと自体をすべて予防することはできません。でも、転んでぶつけた先に鋭い物、堅い物などがなければ、大きなケガは防げます。ですから、床や地面に鋭利な物、堅い物を置かないこ

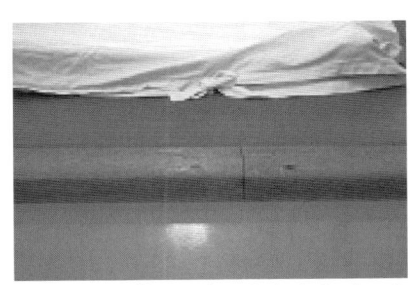

畳の段差、敷いてあるふとんも「つまずき」の原因に。

水まわりは滑りやすい、つまずきやすい場所。タイルやコンクリートなど、「ぶつかる先」が危険なケースも。

とが重要になります。
　コンクリート・ブロックの花壇なども、それ自身が「高さ」というハザードであると同時に、子どもが手前でつまずいて顔をぶつけたりした場合には、ひどいケガの原因になります。

第3章　ハザードをみつけ、効果的な対策を立てよう

③　ひっかかりを起こすでっぱり、すきま（特に窒息）

　遊具や家具のでっぱりや破損箇所などは、服やかばんのヒモ、ヘルメットのヒモなどがひっかかった場合、非常に危険です。
　また、遊具のすきま（うんていの横棒の間やすべり台の上の枠の部分）は、幅によっては頭やヘルメットがはさまってひっかかり、首つり状態になる場合があります。死亡も起きています。

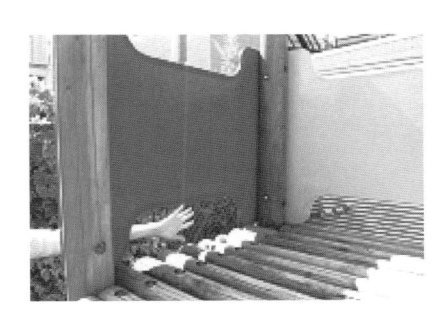

遊具や家具のすきま。子どもの手足、頭がはさまる可能性はない？

ヒモ類がひっかからないよう、遊具や家具のでっぱり、破損箇所をなくすことが、施設環境としてはもっとも容易な解決方法です。一方で、子どもたちがヘルメットをかぶったまま、あるいはカバンを首にかけたまま、園庭や公園などで遊ばないよう、保護者や子どもに教えることも不可欠です。

　もうひとつ、子どもたちの服にも大きな問題があります。それは、フードのついた服の首まわりのヒモ、または同じようなスポーツ・タイプの服の胴まわりのヒモです。

　こうした子ども服は、米国の場合、すべてリコール対象です。首まわりのヒモは窒息の原因になり、また、どちらのヒモも、自動車や電車によるひきずられ事故の原因になるためです（次ページの図参照）。

　日本では、保護者の意思にまかされることですが、この危険についてはぜひ、園だよりなどを通じてお伝えいただきたいと思います。

第3章 ハザードをみつけ、効果的な対策を立てよう

Waist drawstrings can become entangled in a bus door.
腰まわりのヒモは、バスや乗用車のドアに巻き込まれる可能性がある。

Hood and neck drawstrings can become entangled on playground equipment, cribs, and other common items.
フードのヒモ、首まわりのヒモは、遊具、ゆりかごなど、さまざまなものにからむ可能性がある。

米国の消費者製品安全委員会（CPSC）が1999年に出した、子ども服のヒモの危害情報から
（本文はこちら：http://www.cpsc.gov/cpscpub/pubs/208.pdf）

園だより文例

服やかばん、ヘルメットのヒモに注意！

「ヘルメットをかぶったまま、または、かばんを首にかけたままでお子さんを遊ばせるのは、絶対にやめましょう！ ヘルメットやかばんのヒモが遊具などにひっかかり、窒息する危険があるからです。
　園では、お子さんの服のフードやからだまわりについているヒモも、遊んでいる間に首にからまったりしないよう十分気をつけています。
　『万が一』を考えて、こうしたヒモはご家庭ではずしてしまうこともお勧めしたいと思います。電車や車などのドアにからまって、ひきずられ、大ケガになる可能性もあるからです。アメリカの場合、子ども服にヒモをつけることは、原則として禁止されているそうです。」

④ 手や足の指などがひっかかる、はさまる

　引き戸と壁の間、引き戸と床のレールの間にできるすきま、窓などの鍵のすきま、開き戸や柵のちょうつがいの部分などには、子どもの手指、足指がはさまったり、ひっかかったりします。ひどい場合には爪をはがすようなケガにもなりますので、すきまにはカバーをつけましょう。

　子どもの指はさみは、部屋の引き戸の下部に丸や四角の窓がついている場合にも起こります。見通しもよく、子どもたちが両側からのぞいて遊んだりして、設備としては良い形なのですが、この窓の縁で子どもが指をはさむケースも少なくありません。引き戸のこち

クッション材をつけた引き戸。

指がはさまるすきまを厚手のビニルクロス（テーブルクロスの厚いもの）でカバー。

ら側から窓の縁に手をかけ、あちら側を見ている子どもがいるとします。あちら側で別の子どもがドアを開ければ、当然、こちらの子どもは指をひきこまれ、ケガをするわけですね。そこで、千葉県のある私立保育園では、引き戸用の安価なクッション材を買い、窓の縁の内側にぐるりと貼りめぐらすという方法を考え出しました。指をはさむ子は減りませんが、クッションをすることにより、ケガはなくなったということです。

引き戸の下部に窓がついている場合は、窓の内側の縁をぐるりとクッションでおおうのも一案（左側の窓）。

⑤ とじこめられる

　本棚、棚、資材庫、調理室など、子どもがとじこめられる可能性がある場所は園にたくさんあります。バスにとじこめられて（残っていて）熱中症で亡くなったケースもあります。このような事例をなくすには、「鍵」と「人数確認」が不可欠です（97ページ参照）。

　鍵は「付いているから大丈夫」と安心してはいけません。鍵は「かかっていて」初めて、用をなすのです。特に、掛け金（フック）がドアの内部に隠れているタイプの鍵（写真下）の場合、外からは鍵がかかっているように見えても、実際には建てつけが悪く、フックがちゃんとかかっていない場合があります。中に子どもがいないことを確かめ、鍵がかかっていることを確認する職員間の

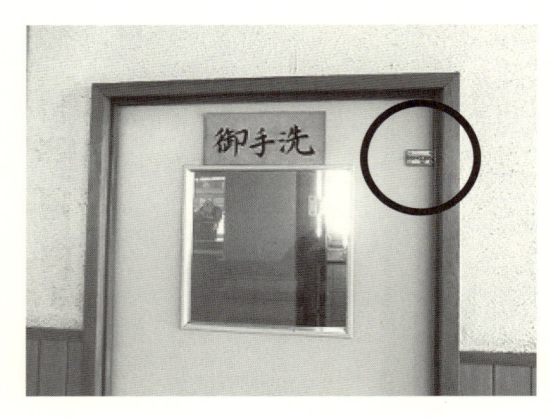

上の写真のような、昔ながらの鍵のほうが、見た目で「かかっている」ことがわかります。下の写真の鍵は、見た目だけでは確認しにくいのです。

ルールを明確にしましょう。

　そして、必須の人数確認！　これは漫然と頭の中で「何人……」と考えていたのでは間違えます。必ず、複数の職員で点呼をする、声を出して数える、列をつくって手をつながせるなどして、数え間違いがないようにするといった「行動を伴う」確認が必要です（下のコラムをお読みください）。

> **ポイント**
>
> 　鍵は「付いているから大丈夫」ではない。鍵は「かかっている」ことが必要。特に、フックがドア板の内側に隠れているタイプは注意。

Column

「頭だけ」ではダメ！ ── 園内点検・人数確認のルール

　「家のドアの鍵、閉めてきたかな」「ガスの元栓は？」、心配になって戻った経験はありませんか？（私は無数にあります）こんなときは、ドアの鍵をかけ、ひねってみながら「閉めた」「閉まっている」と言葉に出して言いましょう。ガスの元栓も、閉まった状態になっているのを見ながら、指さし確認をして「閉めた」とひと言。言っている自分自身を意識しながら。

　頭の中だけで「閉めた」とどんなに思っても、「閉めたかな」という別の思い（不安）に負けてしまうのです。だから、「声に出し」「自分の声を（他人が言っているかのように）聞き」「記憶する」、そして、「指さし確認をしている自分の姿を見る」、これによって「鍵をかけた」という記憶を定着させることができる。あとで不安になっても、「『閉めた』と言っている自分」を思い出せる。これはいわゆる「認知行動療法」の基礎の基礎です。

　同じことが、人数確認でも言えます。頭の中だけで数を数えても、頭の中だけで「あの子、あの子、あの子……、みんないる」と思っても、それは実に頼りなく、間違いや記憶違いにつながります。だから、他の職員がいたら一緒に声を出してお互いの声を聞く、自分ひとりなら自分で声を出し、子どもにも返事をさせる、そして、手や指を動かしながら、またはメモをとりながら数えることが、数え間違いや記憶違いを防ぐ基本です。

⑥ 表　面

コンクリートやタイルなどのざらざらした表面は、すり傷や切り傷の原因になりますね。一方で、つるつるした床面は、転倒の原因になります。特に、夏のプールまわりでは、子どもが足を滑らせて転倒、という事例がひんぱんに起こります。このような場合には、滑りどめ効果とクッション効果の両方をもつシートを活用しましょう。

　手洗い場のまわりに敷きものをするべきか、これはむずかしいところです。子どもが手を洗うたびにびしゃびしゃになるから、敷きものは敷きたい。でも、敷きものの角で子どもがつまずいたり、敷きものの上で子どもが滑ったりした場合、手洗いの角などに頭や顔をぶつけることがあります。かといって、敷きものは一日に何度もとりかえるから、床にテープでとめるわけにもいかない。それなら、敷きものをやめて、子どもが手を洗った後はモップでこまめに拭くようにする……？

　これは、手洗い場の条件（タイルの角がある手洗い

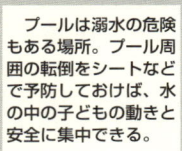

ポイント
プールは溺水の危険もある場所。プール周囲の転倒をシートなどで予防しておけば、水の中の子どもの動きと安全に集中できる。

杓子定規に「敷きものはダメ」「敷きものはテープでとめる」ではなく、環境や子どもの条件を考えた対応が大切です。85ページのコラムをご覧ください。

か、角がないプラスチック製かなど)、そのとき、園にいる子どもたちの条件(手洗い場で他の子を押したり、押しのけたりする子どもがいるかいないかなど)を考えて、それぞれに判断が必要です。

　ただし、プールであれ手洗い場であれ、敷きものを使い始めたりやめたり、または滑りどめを付けたりした後しばらくは、特別な注意が必要です。たとえば、「滑って危険だなあ」と思っていた園内の階段に滑りどめを付けたとしましょう。すると、「滑るから気をつけなきゃ」と無意識に注意して歩いていたそれまでの行動では、かえって危なくなる可能性があるのです。しばらくの間は、子どももおとなも意識して、滑りどめがある環境に慣れる必要があります。

ポイント
環境が変わると、適応に時間がかかる。滑りどめをしたり、敷きものを置いたり(逆になくしたり)した後は意識して。

　人間は環境に対する適応力が高い生き物ではありますが、環境の条件が変わると適応するのにしばらく時間がかかります。おとな向けには貼り紙をする、子どもには違いを体験させて行動の変化をうながす、といった対応をしましょう。

トイレの床、玄関先のタイルなどは、子どもがよく滑る場所。こまめに水気を拭きとってください。

⑦　熱

　保育園・幼稚園で「熱」というと、夏の金属遊具、冬のヒーター、熱湯などが、該当するハザードとなります。特に、ヒーターや熱湯は重度のやけどの危険がありますから、ヒーターはしっかりした柵できちんと囲む、熱湯は極力、事務室や給食室から持ち出さないことです。持ち出すときは、ポットに入れて運び、他の先生にまわりの子どもを監督していてもらいましょう。

⑧　水（溺水）

　これはすでに47ページのコラムで述べた通りです。ほんの数センチの水でも溺水は起こりますから、保育園の汚物洗い槽、保育園・幼稚園のプール、その他の水のたまった場所については、フタをする、水を抜く・捨てる、柵をするなど、子どもが「水」というきわめて危険な（でも、子どもにとっては魅力的な）ハザードに近寄らないようにしましょう。

第3章 ハザードをみつけ、効果的な対策を立てよう

Column
安全は、「ゴール」の側から考えて！

　人間は、ひとつのことを学ぶと、「それだけが正しい」「〜しなければならない」と思いこむ杓子定規な態度に陥りがちです。たとえば、「帰るときには、子どもがいないことを確認してから倉庫などに鍵をかけて」とお話ししたところ、「不審者が隠れていたことがあって、怖いから、私の園では全部のドアを開けて帰るのです。どうしたらよいでしょう？」とお尋ねになった先生がいらっしゃいました。

　さあ、この園はどうしましょう？　ここでのポイント、事故予防のゴールに立ち戻ってください。ゴールは「子どもがとじこめられないこと」「一人で置き去りにされないこと」ですね。ですから、すべての部屋に子どもがいないことを（建物の奥から）確認し、すべてのドアを開けて帰っても、事故予防の目的は達成されるのです。そのかわり、朝、最初に出勤してきた職員の方は、もう一度、すべての部屋に不審者がいないことを確認して、鍵をかけてくださいね。

　同じような考え方は、汚物洗い槽を見ながら、ある園でお話ししているときにも起こりました。その園の汚物洗い槽は奥行きが浅い、横長長方形の形をしており、通常の正方形の汚物洗い槽よりもずっと深い場所に水がたまっていたのです。「この汚物洗い槽も、子どもがのぞきこめる高さだから、フタをしたほうがいいですよね」と尋ねられて、私は「え、この狭さと深さだったら、子どもの顔は水につかないのでは？」とお答えしました。水のたまっている部分には、新生児の頭も入りそうには見えなかったからです。

　もちろん、フタをしておくにこしたことはありませんが、「今、ここでの事故予防のゴールはなに？」「ゴールを達成するために一番いい方法は？」、そういった柔軟な考え方をすることは、事故予防に限らず、保育・教育の現場でも大切なのではないかなあと思ったできごとでした。

⑨　口に入る（誤嚥窒息）

　午睡中の乳児の場合、ミルクなどを吐き、それが原因となって窒息を起こす危険性があります。眠っている間のチェックは、どの保育園でもきちんと行われていると思いますが、「見るポイント」は定期的に確認して、見逃しがないようにしてください。
　誤嚥窒息というと、ミニトマトや豆類など、「球」の食べ物というイメージが強いようですが、実際には、「切り口が円」になる食べ物のほか、子どもが口にほおばれる物（ティッシュペーパーなど）でも誤嚥窒息は起こります。
　「切り口が円」とはどういうことでしょう？　たとえば、2010年には、東京都内の学童保育で児童がアメリカンドッグで窒息、死亡するケースが起きています。この子どもが競争のような食べ方をしたのかどうかは定かではありませんが、米国では毎年、複数の子どもがホットドッグで窒息死、また脳障害を負っています。これは、ホットドッグを噛み切ったときに、中のソーセージだけを飲み込んでしまい、これが気管をふさぐためです。「球」だけでなく、「切り口が円」も危険だということになります。ソーセージは、縦に2つ、4つに「裂く」ことが必要です（2つ、4つに「切る」と言ってはいけません！　「切る」と言うと、横に短く、2片、4片に切ること

> **ポイント**
> 誤嚥窒息を起こす食べ物は「球」だけと思っていませんか？「切り口が円」も危険！

> **ポイント**
> 「ソーセージを4つに切る」と言うと、縦・横、2種類の切り方がある。「裂く」と言えば正確。誤解のない表現で。

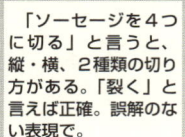

第3章　ハザードをみつけ、効果的な対策を立てよう

をイメージする人も実際にいるからです)。

　また、当然のことですが、食事中に笑わせたり、食べ物を持って遊びまわらせたりは絶対にしないでください。誤嚥は、子どもが驚いたり笑ったり泣いたりして、急に大きく息を吸ったときに起こりやすいからです。落ち着いて、ゆっくり味わいながら食事をする、園ではこれを習慣にしましょう。

> **ポイント**
> 食べ物を飲み込む瞬間に笑ったり驚いたりする（＝大きく息を吸う）と、誤嚥が起こりやすい。食事は静かに、落ち着いて。

園だより文例

ソーセージでも窒息は起こります

「『食べ物による窒息』と聞くと、ミニトマトやピーナッツなど、球の物を思い浮かべる方が多いと思います。でも、実は、「切り口が円」になる食べ物も窒息の危険があるのです！　代表例はソーセージ。アメリカでは、ホットドッグにはさんだソーセージが気道に入り、子どもが窒息する例が、年に何件も起きているそうです。私たちの園では、ソーセージは２つに裂いて給食に出しています。ご家庭でもぜひ、２つまたは４つに裂いて出してあげてくださいね。」

ミニトマトはくし形に切って。 　　ソーセージは縦に２つまたは４つに裂いて。

⑩ 口に入る（毒物等の誤飲）

> **ポイント**
> 消毒薬のうすめ液などをペットボトルで保管するのは、絶対ダメ！　子どもにとって（おとなにとっても！）「ペットボトル＝飲み物」。

　洗剤、漂白剤、消毒薬が子どもの手の届く場所に置かれていたり、ホウ酸団子や殺鼠剤が放置されていたり……。子どもが口にする確率は高くないとしても、「万が一」起きたら、命にかかわる場合も少なくありません。

　命にかかわる「万が一」が起きかねない以上、「今まで誰も飲んだことないから大丈夫」「飲みそうになったら必ず気づく」と根拠もなく思いこむよりは、最初から資材庫や洗濯室などにしまっておいたほうが対策としては効果的です。

　そして、うすめ液などをペットボトルで保管するのは、絶対にやめてください。子どもにとっては、「ペットボトル＝飲み物」なのですから。おとなでも、ペットボトルに分けて入れてあった農薬を飲んでしまうケースが起きていますよね。

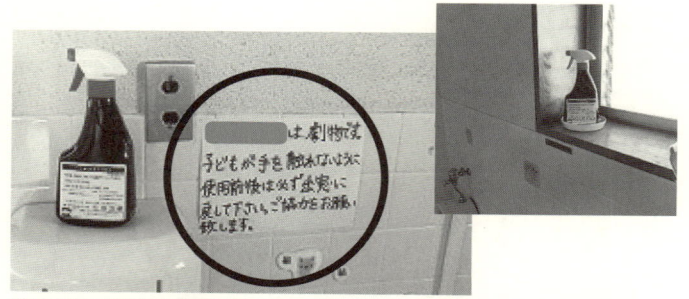

消毒用の薬剤は専用容器に入れ、子どもの手の届かない場所へ。
貼り紙もして、保護者にも協力を呼びかけ。

第3章 ハザードをみつけ、効果的な対策を立てよう

⑪ 動物、虫

　お散歩の際や登園・降園時、近所の犬や猫などに手を出さないよう教えても、なかなかわからない子どももいますね。教えることも大事ですが、クラスによって、手を出しやすい子どもが複数いる、教えてもなかなか聞かない子どもが複数いるといった場合には、散歩の道順を変え、犬がいない所を歩くなどの工夫も必要になるでしょう。

　動物に関連するケガというと、実は家庭で飼われているペットによるケガが多く、結果も深刻になることがあります。慣れているつもりでも、子どもが無理にからだをひっぱったりすれば、ペットはかむのです。家庭で犬に慣れている子どもは、近所の犬

> **ポイント**
> ペットに関連するケガは、園（飼育動物、お散歩など）でも家庭でも共通。保護者と協力して、安全教育を進めよう。

英国のThe Blue Dog Trustでは、家庭でのペットとのかかわり方について、保護者が子どもと一緒に学べるCD等を作っています。
出典：http://www.thebluedog.org/en/

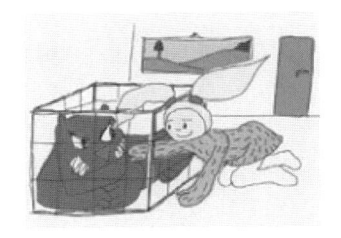

にも気やすく手を出しかねません。園だよりなどを通じて、家庭における子どもとペットのかかわり方について情報を流しましょう。

　虫刺され、特にハチ刺されはアナフィラキシーを起こす危険もあります。ハチの巣に近寄らないことはもちろんですが、ハチがたくさんいるのをみつけたら、子どもを遠ざけましょう。

　虫刺されと関連して大切な注意点は、最近よく使われている「虫よけグッズ」の中にも皮膚アレルギーを起こすものがあることです。遠足などで虫よけが必要なときには、保護者に確認しましょう。

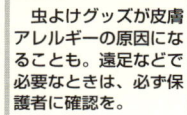

> **ポイント**
> 虫よけグッズが皮膚アレルギーの原因になることも。遠足などで必要なときは、必ず保護者に確認を。

⑫　他の子ども

　園における子どものケガで多いのは、他の子どもとのかかわりの中で起こるものです。「つきとばされた」「ぶつかられた」「かまれた」「ひっかかれた」などなど。そして、ヒヤリハット報告書や事故報告書を見ていると、多くの場合、同じ子がそれぞれ「する側」「される側」になって、何度も同じような事象が起きています。

　成長・発達のスピードは一人ひとり、まったく違います。そして、子どもには個性があります。子どもが集団で生活する保育園・幼稚園では、個性を持った子どもたちの間に関係が生まれます。すぐ手が出る子もおり、ひっかかれたりたたかれたりするばかりの子も出てくるのです。

　でも、保護者が「なぜ、またうちの子が？」と思い始め、園の対応に不満や疑問を持ち始めると、事態の収拾はむずかしくなります。ですから、同じことが同じ子どもたちの間で二度、三度と起こるようになったら、その子たちがお互いの近くにいないよう、かかわりあわないよう、遊びの場をつくることです。場合によっては、子どもの特性に合わせた空

> **ポイント**
> 何度もくりかえし起こるできごとは、「事故（偶然起きた事象）」ではない！　対策をしっかり立てよう。

間、かかわり方を工夫する必要も出てくるでしょう。同時に、言葉で表現できるようになる前の子どもたちの場合、興味やいらだちを行動で表してしまうときもあること、少なからぬ数の子どもがこうした行動をすることを、事前に保護者に説明することも不可欠です（95ページの園だより文例参照）。

> 保育園・幼稚園が子どもの個性、一人ひとりの違いをくみとった保育・教育ができるようになれば……。私の「夢」を下のコラムでお読みください。

Column
子どもの特性に合わせた保育の重要性

　今、特に保育の現場では人手が足りていません。待機児童が多い地域では、ぎりぎりの状態で保育をしています。そのことは重々わかったうえで、「夢」になってしまうかもしれませんが、私の考えを書かせてください。

　子どもにはいろいろな特性、特徴があります。そして、いわゆる「落ち着きのない子」「他の子どもにちょっかいを出す子」「集団からはずれる子」は、マイナスに見られがちです。でも、保育環境をちょっと変えることで、そういった子どもたちはいきいきとし、変わるかもしれません。

　たとえば私は、目・耳に入ってくる「雑音」に非常に弱いタイプです。まわりで誰かが話していたり、急に大きな音がしたり、誰かが私の視野の近くでうろうろしていたりすると、もうそれだけで集中できなくなるのです。そして、集中が途切れるとイライラ……。そのうえ、私は集団行動が大嫌いです。おとなになった今、私は自分に合った「雑音の消し方」を知っています。集団行動はできるかぎり避けます。でも、子どもの私にとって、幼稚園や学校はさぞかしつらい場だったことでしょう。実際、私は気が短く、怒ると男の子たちともとっくみあいの大ゲンカをする子どもでした。

　たとえば、私のような子どもが保育園にいた場合、静かにしていられる隠れ家のようなコーナーがあったら楽かもしれません。異年齢保育の施設なら、自分に合った集団をみつけやすいかもしれません。「みんな同じ」「みんな一緒に」という保育園・幼稚園の前提が今よりももっとゆるかったら、楽になる子どもがもっとたくさんいるのでは？と思ったりもするのです。

⑬　子ども個人の特性

　一人ひとりの特徴、そして集団の中での子どもの個性も、ケガの予防においては重要な要因になります。たとえば、成長・発達の平均的な側面から考えれば、誤飲が起きにくい年齢になったとしましょう。でも、クラスの中に成長や行動の課題を持っている子どもが一人でもいたら、この「平均」には意味がなくなり、そのクラスの環境そのものを見直す必要が出てきます。「みんなが大丈夫だから、この子も大丈夫」とはならないのです。

　また、「かむ」「ひっかく」といった行動が起きやすい子どもがクラスにいる場合には、特別な対応が必要です。私は発達の専門家ではありませんから、そういったお子さんや保護者の方を発達の側面から具体的にどう扱えばいいかについては、なんとも書きようがありません。あちこちで先生方にうかがっている限り、これは本書をお読みの皆さんのほうがよくおわかりになっていることのようです。

　しかし、保護者とのコミュニケーションの見地から、私に言えることもあります。まず、「かむ」「ひっかく」という行動は1歳なかば過ぎから始まるのだということ、それは数人の限られた子どもに起こることではなく、全体の2割程度の子どもには多かれ少なかれ起こるのだという点を、実際のケガ

> **ポイント**
>
> 「〜歳になったから○○は安全」という一般的知識は、集団の中では特に通用しない。クラスの中の個性、関係にもとづいた安全対策を。

> **ポイント**
> 先まわりした情報伝達を！「起こる」とわかっていたことが起きたときと、知らないでいて起こったときとでは、保護者の反応は大違い。

> **ポイント**
> 「私の子どももするのかも」と考えるきっかけを示すことで、「お互いさま」の気持ち（共感）を保護者の間につくろう。

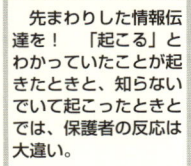

のケースが起こる前に、園だよりなどできちんと伝えておくことの大切さです。

あることが「起こる」とわかっていて起こったときと、「起こる」と知らないでいて起こったときの、人間の感じ方は大きく異なります。後者のほうが驚きも、怒りも（良いできごとの場合は喜びも）大きいのです。

ですから、「言葉が発達していく過程のフラストレーションから、または一種の愛情表現として、別の子をかんでしまったり、ひっかいてしまったりすることは、子どもによく起こること」とわかっていれば、保護者の反応は明らかに変わるでしょう。自分の子どもが誰かにかまれても、「うちの子も家で私をかんだことがあるし……」「次は私の子かも」「お互いさまよね」と考えるためのきっかけ（情報）が心の中にあるからです。そうした行動は保育園・幼稚園の外でも起こるわけですから、「発達に関する知識」として伝えておけば、保護者にとっても価値のある情報となります。

ケガや事故にかかわる子どもの特性は、どうしても否定的にとらえられがちで、保育園・幼稚園も「たまたまかんでしまった」「いつもはこうではないのに」といった言い方で隠そうとする傾向があります。しかし、そのように言えば言うほど、聞いている側（保護者）は、その特性が「悪いもの」で、自分の子どもが悪いことをしている、または悪い子ど

もの犠牲になったと感じ、罪の意識や怒りを感じるようになるでしょう。または、「悪いこと」を起こした保育園・幼稚園を責める方向に向かうかもしれません。

　かむのもひっかくのも、ゆっくりしているのも、落ち着かないのも、成長・発達の過程であると同時に個性であることを、日常の保護者とのコミュニケーションの中で積極的に伝えていくことが、「万が一」に備えた前向きリスク・マネジメントとして重要です。

> **ポイント**
> 保護者に罪の意識や怒りを生まないよう、「かむ、ひっかくは育ちの一部」「個性のひとつ」というポジティブな伝え方で。

園だより文例

「かむ」「ひっかく」はコミュニケーション！

　「お子さんにひっかかれた！　かまれた！　なんてことはありませんか？　びっくりしますよね。1歳を過ぎると、子どもたちは自己主張の気持ちがどんどん出てきます。でも、まだまだ言葉でうまく伝えられません。『好き！』『遊ぼう！』『そんなことしないでよ！』……いろいろな気持ちが、かむ、ひっかく、たたくといった行動に出るのです。

　保育園でも、1歳を過ぎた頃からこうした行動がみられるようになります。大きなケガにつながらないよう、皆で気をつけています。ご家庭でも、かむ、ひっかくといった姿がみられるようになったら、お子さんの気持ちをしっかり受けとめながら、『かんだら（ひっかいたら）痛いんだよ』と相手の痛みに気づいていけるよう、教えていってあげてください。」

さあ、ここまでいろいろな危なさ、ハザードのパターンをみてきました。子どもの命にかかわるかもしれないハザードをみつけたら、対策をとらなければいけませんよね。対策を考えるときにも、優先順位があります。まずは環境から。そして、最後が見守り。では、次に対策面を考えていきましょう。

（3） 環境改善が第一、見守りは最後

1） 環境を変える

　ここまでくりかえし述べてきたように、事故予防、ケガ予防のもっとも有効な方法は環境改善です（42ページのコラム参照）。ハザードを取り除いてしまう、または、ハザードに子どもが絶対に近づけないようにすることができれば、あとは定期的にチェックをするだけです。たとえば、

- ●開き戸のちょうつがい部分の両側（外側・内側）を厚手のビニルクロスでおおう（78ページ写真）
- ●子どもが顔などをぶつけたときに傷を負いそうな堅い角やでっぱりをクッション材でおおう
- ●保育園の汚物洗い槽にフタをする（縁の高さ、大きさによる。47ページ写真）
- ●プールのまわりに鍵付きの柵をして、たとえプールに水が入っていなくても子どもが近寄れないようにする
- ●洗剤や消毒液が入った容器を鍵のかかる資材庫

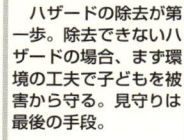

> **ポイント**
> ハザードの除去が第一歩。除去できないハザードの場合、まず環境の工夫で子どもを被害から守る。見守りは最後の手段。

などに入れる

●子どもが入りこみそうな棚や部屋、物入れには鍵をかける

などがこれに該当します。ハザードは存在するものの、このような対策をとることで、子どもが深刻なケガをすることは予防できます。

子どもが窓ガラスに突進、または激突というできごとは、決して少なくありません。大ケガにもなりかねませんから、全面ガラスの場合は、下半分に木の柵を付けることをお勧めします。これなら、夏、窓を開けはなっても安全ですね。

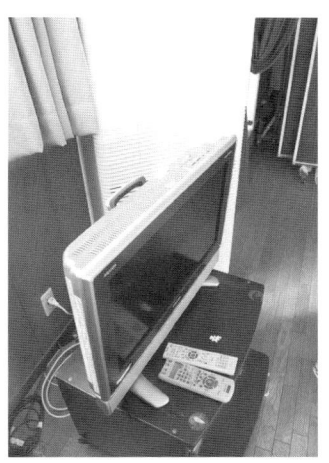

フラット・スクリーンのテレビに子どもがよじのぼり、転倒、大ケガや死亡に至る事例は米国で複数報告されています。地震対策も兼ねて、必ず固定しましょう。

2） 職員側のルールを決め、実行する

とはいえ、環境改善だけで絶対に大丈夫、と言い切れるものは必ずしも多くはありません。たとえば、汚物洗い槽のフタをし忘れる場合もあるでしょう。フタはしていなければ見えるので気づきやすい

> **ポイント**
> 環境改善だけでリスク・ゼロを達成するのは困難。職員の「安全チェック・ルール」をつくり、実行しよう。

> **ポイント**
> 80ページ下写真のタイプの鍵は「開」「閉」もわかりにくい。「開」と「閉」のシールを、棒の位置（縦・横）のそばに貼ろう。

ルールづくりは、園の状況、条件に合わせて柔軟に！「このルールなら納得」「できるね」と皆で合意できれば、実施もしやすくなります。くわしくは、85ページのコラムをお読みください。

ものですが、もうひとつの「鍵」は大きな問題です。安全対策として鍵を付けた、それだけで安心してはいけません。鍵は付いているだけではダメ、「いつもかかっている」ことが不可欠です。昔からある「ひっかけ型」の鍵なら、ぱっと見てすぐに鍵がかかっているかどうかがわかります（80ページ上の写真）。困るのは、外からでは鍵が実際にかかっているのかどうかがわかりにくい新しいタイプの鍵です（80ページ下の写真）。

　保育園・幼稚園で、この新しいタイプの鍵が付いているドアを片端から開けていくと、鍵がかかっていないドア、または、一見かかっているように見えるけれども、中のフックのかみあわせが悪く、実際にはかかっていないドアがたいていみつかります。これでは、鍵を付けた意味がありません。ですから、毎日の終業時、子どもたちがどこにも残っていない、隠れていないことを確認しつつ、すべての場所に鍵が「かかっているかどうか」を確認するという職員側のルールづくりが必要になります。

　一方、始業時には、遊具の安全チェック（破損、なわとびやロープなどがひっかかっていないか、など）やたまり水のチェック（除去）とともに、洗剤や消毒液などが床や保育室、教室、手洗い場に放置されていないかといったチェックも、職員で順番を決めて実施しましょう。このとき、シートを作ってチェックする、または、声を出しながらチェックする、こ

第3章　ハザードをみつけ、効果的な対策を立てよう

のどちらかをしてください。頭の中で「大丈夫」「大丈夫」と思いながら見回っただけでは、見落としや見間違いが起こる可能性が高いからです。

　職員のルールについて、最後にひと言。ルールでは「できるだけ」「なるべく」「きちんと」といったあいまいな言葉は避けましょう。私が考える「できるだけ」と、あなたが考える「できるだけ」は違うからです。具体的な指標（時間、人数）や具体的な行動を示し、誰が読んでも同じ解釈ができるルールをつくることが不可欠です。

3）　保護者側にルールを伝える、ケガの危険について伝える

　保育園・幼稚園だけで子どもの安全を守ることはできません。園は、「子育てのプロ」として、子どもだけでなく保護者にも安全をはじめとする情報を伝える立場。その役割を果たすうえでも、園だよりや保護者会を通じて、保護者にさまざまなルールを伝えていくことが不可欠です。

　フード付きジャケットの首・胴まわりのヒモの危険性を保護者に伝え、保護者の判断ではずしてもらうよう勧めることは、このよい例です（77ページ）。園庭や公園ではカバンを首にかけたまま遊ばせない、自転車ヘルメットをしたまま遊ばせない、などのルールもここにあてはまります。ミニトマトは４つに切る、ソーセージは４つに裂く、も同様です。

> 　頭の中だけで行うチェックは信頼できません。シートを使うか、声出し・指さし確認を。くわしくは、81ページのコラムをお読みください。

ポイント
保育園・幼稚園は、「子育てのプロ」として、さまざまな安全のルール、情報を保護者に伝える立場。

ポイント
小さなケガが起こるとわかっている行事の前には、先まわりして保護者に伝えよう！

一方、起こることがわかっているケガの危険について先まわりして伝えておくことも、保護者の驚きや怒りを下げるうえでは効果的です。先の「かむ」「ひっかく」もその一例ですが、保育園や幼稚園の活動に関連するできごともあります。

　ある日、とある保育園のヒヤリハット・事故報告書を見ていたところ、「ピーラー（野菜の皮むき）によるケガ」がいくつも出てきたのです。

　「なぜこんなに？」と尋ねたところ、「調理実習でニンジンの皮むきをしたときのケガ」だそうです。どれも小さな切り傷、ひっかき傷程度ですが、保護者の中には「え？　ピーラーなんて使ったの？　危ない！」と後になって思った人もいたに違いありません。「自分が知らないところで、予測もなく」子どもにケガが起きた場合は、最初から「小さなケガが起こるかもしれない」とわかっている場合よりも、驚きの反応は大きくなります。

　ですから、たとえ小さくてもケガが必ず起こるとわかっているようなときには、事前に、それも数週間前から、たとえば「〇月〇日に、ピーラーを使った調理実習をします。職員がついて一緒に行いますが、毎年、何人かのお子さんは小さな切り傷をします。もし、ご家庭にピーラーがあったら、ぜひ、お母さん、お父さんと一緒に使ってみてください。お子さんたちは、ピーラーのような道具を使える時期になっていますから、きっと、食事づくりの手伝い

> **ポイント**
> 小さなケガが起こるとわかっている行事の前には、保護者に事前の情報提供を。行事の意義と安全の情報を組み合わせて。

を喜んでしますよ！」と園だよりなどに書いておくことです。園だよりの行事欄に「○月○日　調理実習」と書くだけでは足りません。保護者も巻き込み、事前に家庭でも同じことをしてみるよう働きかけるのです。

　すると、一部の保護者は実際にピーラーを使わせてみるはずです。子どもはケガをするかもしれないし、しないかもしれない。でも、保護者は、おぼつかない手つきながらも取り組んでいる我が子の姿を事前に見ることになります。それはきっと楽しい経験になるでしょうし、実習のときまでに子どもはケガをしなくなっているかもしれません。もちろん、大半の保護者は、何もしないと思います。それでも、調理実習でケガをするかもしれないこと、家庭でも手伝わせるべきであることは（園だよりに目を通している限り）理解するはずです。

　このようにして、事故が起こる可能性があることを最初から伝え、家庭のできごととつなぎあわせて安全の情報、子どもの成長・発達の様子を伝えていけば、事故やケガは「突然起きた驚きのできごと」ではなくなっていきます。保育園・幼稚園での子どもの様子を伝えることもでき、一石二鳥です。

> **ポイント**
> 「成長」の中に事故やケガの可能性、安全情報を入れることで、「育ちの中で当然起こるケガ（とその予防）」という認識を育てる。

4）「子どものルール」（安全な遊び）をつくる

　最新の脳科学の知見によれば、人間の前頭葉が完全に成熟し、合理的な判断がかなりの程度できるよ

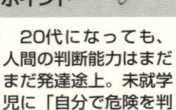

> **ポイント**
> 20代になっても、人間の判断能力はまだまだ発達途上。未就学児に「自分で危険を判断しろ」と言うのは、まったく無理な話。

うになるのは、20代なかばだということです。20歳を過ぎたおとなでも、そうそう合理的な判断はできない。にもかかわらず、小学校前の子どもに「自分で危険を判断できるようになれ」と言うのは、あまりにも不合理です。だからといって、「ダメ」「やめなさい」と禁止したところで、子どもはいっそう興味を持つばかりですよね。

子どもの場合、先のピーラーの例のように、小さ

Column

「おとなの助けがあればできること」

旧ソビエトの発達心理学者レフ・ヴィゴツキー（1896～1934）が提唱した概念です。子どもの能力には、「自分ひとりでできること」「おとなの助けがあればできること（Zone of proximal development）」「まだできないこと」の3つの領域があり、保育・教育の役割の中心は、このZone of proximal developmentに働きかけ、子どもの育ちをうながしていくこと、としています。

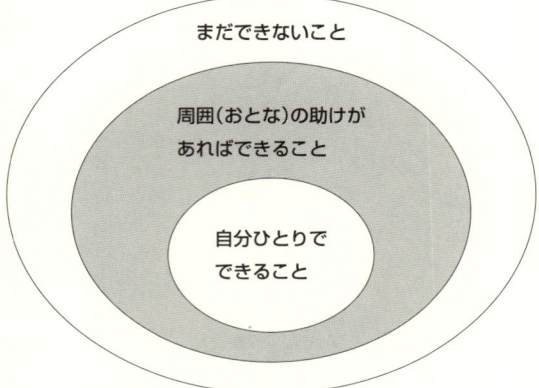

- まだできないこと
- 周囲（おとな）の助けがあればできること
- 自分ひとりでできること

子どもの能力の3領域（ヴィゴツキー）

な危なさや小さな冒険から少しずついろいろなことに慣れていき、おとなの助けを借りながら「ちょっとむずかしいこと」に毎日、少しずつ挑戦していくことが必要です。すなわち、発達心理学者のヴィゴツキーが"Zone of proximal development"と定義した領域をいかにうまく、子どもの遊びや学びの中に設定していくかが、保育園・幼稚園における子どもの育ちに直結することになります。

このとき、安全や事故予防が、ひとつの枠組みとして役に立つのです。行動の禁止は子どもにはほとんど効果なしです。でも、遊びのルールになれば、子どもたちは楽しんでルールに従い、お互いにルールを守ろうと呼びかけすらします。遊びのルールとして設定することで、安全を確保しながら、子どもたちの育ちをうながすことができるでしょう。

現在、ある公立保育園で先生方が進めている研究から、この点を学ぶことができます。この保育園では、ジャングルジムの安全をひとつの検討課題にしました。年齢が大きくなれば、子どもたちは頂上までどんどん登っていきます。でも、「能力としてなんとか登れる」ことと「安全に登る」ことは、まったく別です。「登れるんだから、登らせていい」と言うことはできません。

かといって、年齢に応じて杓子定規に、登る段数を決めることもできません。「〇組のお友だちは、×段までしか登っちゃダメだよ！」と言ったところ

> ヴィゴツキーが提唱したこの概念について、前ページのコラムで図示しています。

ポイント

「行動の禁止」では効果なし。「遊びのルール」をつくり、安全な行動を身につけさせよう！

103

で、子どもが聞くわけがないからです。能力に応じて安全に登らせ、遊ばせる枠組み、効果的に「万が一」（転落など）に備える方法が必要です。

「それなら、遊びにしてしまったら？」、これがひとつの提案でした。子どもたちがジャングルジムで遊び始めたら、保育士は「じゃあ、今日はみんなで、カニさんのように横にどんどん移動してみよう！」「今日は一人ひとり、こちらからてっぺんまで登って、向こうに降りよう。山登りだよ。しっかり棒をつかんで、順番に登るのがルールだからね」、こう指導することで遊びにひとつの枠組み、流れができれば、保育士の立ち位置も明確に決まり、安全の確保が楽に、効率的になるでしょう。

年長になると、子どもは自分たちでルールをつくりながら遊ぶようにもなります。安全についても、少しずつ意識が芽生えてきます。そんなときには、遊びや道具の使い方について子ども自身のルールをつくらせ、守らせることも、安全を学ぶひとつの方法でしょう。

5） 子どもに安全を教える

遊びのルールによって、子どもの行動をコントロールするのもひとつの方法ですが、年長になれば、危なさや安全について教えていくことも不可欠になりますね。子どもの場合、おとな以上に「わかっていてもしない、できない」のはあたりまえで

ポイント

ルールや安全に対する意識が芽生え始めたら、子どもの中で遊びのルールをつくらせ、守らせることも大切。

すから、「危なさや安全については教えた。もうこれで大丈夫」と安心することはできません。それでも、安全について学んでいくことは、成長の中で必要な過程です。

39ページで、「子どもが理解できない危なさ」「自分で身を守れない危なさ」については環境改善を行い、おとなの努力で子どもの命を守らなければならないと書きました。一方で、保育園・幼稚園にある危なさの中には、子どもに理解でき、自分たちで身を守ることのできる危なさもあります。たとえば、千葉県のある市でこのような質問をいただきました。「私の園では、年長児にビーズ遊びをさせているのですが、ヒモによる窒息ということを考えると、これもやめたほうがいいのでしょうか。」

さて……、どうしましょう？

ビーズ遊びは先生の指導と監督のもと、ビーズの通し方を学び、色を変えてみたり、並びを変えてみたりしたときの違いを楽しむ遊びです。その中には、「どうやって安全に遊ぶか」ということも当然含まれてきます。たとえば、ある子が別の子の首にビーズ遊び用のヒモをかけたりしたら、「そういうことをすると、息ができなくなっちゃうよ。絶対にしちゃいけないんだよ」「ビーズのヒモだけじゃなくて、どんなヒモでも息ができなくなっちゃうからね。お友だちがそういうことをしていたら、ダメだよって教えてあげてね」と明確に伝える、それも遊

> **ポイント**
> 安全を教えることも重要。でも、「教えたから大丈夫」はダメ。「わかっていてもできない」のはおとなも同じ！

> **ポイント**
> 「子どもが理解できず、自分では身を守れない危なさ」と「子ども自身が安全を学ぶべき危なさ」の区別を！

> **ポイント**
> 「ビーズ遊び用のヒモ」は楽しさと安全を教える道具、「遊具にひっかかったロープ」は、子どもには予測・回避がむずかしい危なさ。

びの指導の中に入るのです。これは、遊具にひっかかっているロープやなわとびのヒモのような、「子どもにとって予測できない危なさ」とは異なります。

　もう少しはっきりする例を挙げましょう。全国で公園などから撤去された「箱ブランコ」という遊具があります。本体もかなり重いもので、一度揺れだすと、おとなでもなかなか止めることができません。子どもにはもちろん無理です。そして、動くブランコと地面の間（子どものからだの厚さよりもずっと狭い）に巻き込まれた子どもが亡くなってもいます。箱ブランコは、子どもには「理解できない危なさ」「自分で身を守れない危なさ」を伴う遊具だったのです。

　では、一般的なブランコはどうでしょうか。

　確かに、ブランコでも転落事故、衝突事故は起きます。落ちた後、揺り戻されてきたブランコの座面で後頭部を打つケガ、落ちたときの手足の骨折、あるいはブランコをつるす鎖の中に指がはさまって起こるケガなども発生しています。しかし、これらが、子どもには「理解できない危なさ」「自分で身を守れない危なさ」かというと……？　子どもの年齢にもよりますが、箱ブランコよりはビーズ遊びに近い危なさではないか、安全な遊び方を教える範疇に入るのではないかと、私は考えています。

　このようにして考えてみると、皆さんがご自身の

保育園・幼稚園の安全チェックをする際には、ひとつひとつのハザード、危なさの深刻さを考えるだけでなく、それらがはたして「特定の年齢（発達段階）の子どもに理解できない危なさ」「自分で身を守れない危なさ」なのか、それとも、特定の成長・発達段階以上の子どもであれば、危なさを理解し、安全な行動を学ぶことができるタイプの危なさであるのかを判断することが重要である、という点をおわかりいただけると思います。

　園内の安全チェックは、単に「危なさ」をみつけるだけのものではありません。子どもの成長・発達を理解したうえで、子どもの育ちに合わせた判断をくだし、事故予防・安全対策をしていくという、先生方にとっての「学びの場」になるはずです。そこで生まれてくるひとつひとつの知恵や思いを、園だよりなどを通じて保護者に、地域に届けてください。それが、保護者や地域との信頼関係の醸成、保育園・幼稚園に対する信頼の高まりにつながっていくのです。

6）職員が見守る

　そして最後、ここまでさまざまな対策を立てて取り組んでもまだ残る危なさに対しては、保育士の皆さん、幼稚園教諭の皆さんが「立ち位置や配置を決め」、「見守る」という手段を使うことになります。

　しかし残念ながら、見守りに多くを期待すること

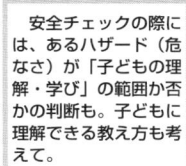

> **ポイント**
> 安全チェックの際には、あるハザード（危なさ）が「子どもの理解・学び」の範囲か否かの判断も。子どもに理解できる教え方も考えて。

「見守り」に関するWHOの報告書はこちら。World Report on Child Injury Prevention. 2008.

はできません。見守り（supervision）は、ケガ予防の方法として世界じゅうで語られてはいますが、世界保健機関の報告書でも「『見守り』は定義自体が明確ではなく、効果に関する科学的な検証も不足している」と明言されています。

特に保育園の場合、一人の保育士が担当する子どもの数が多く、実際には見守れていないのが現状です。まだ研究途中なのでくわしく書くことはできませんが、ある保育園で行った「見守り」の観察および実験でも、安全確保の方法としての見守りは十分でないことが明らかになっています。

一方、事故報告書やヒヤリハット報告書を見ると、「反省」「対策」として、「もっときちんと見守っていればよかった」「立ち位置を検討し直して、子どもを見守れるようにしたい」といったことが多く書いてあります。では実際、どのようにして「きちんと見守るようにした」のでしょうか？　どのように「立ち位置を検討」し、その結果、「見守りの質はどのように上がった」のでしょうか？（「見守り」は、傷害予防の専門家の間ですら定義が定まっていない概念です。現時点では、「見守りの質」とは主観的な判断にすぎませんし、「見守りの質が上がった」と明確に評価できる方法も基準もないのです）。

残念ながら、こうした「反省」や「対策」の大部分が、「書いただけ」のものであることは、皆さん、おわかりいただけると思います。実際には取り

> **ポイント**
> 実際は取り組まない（取り組めない）のに、反省・対策として「見守りの改善」「立ち位置の見直し」と書くことは危険。

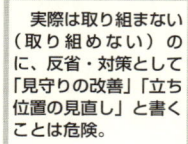

組みもしないのに、あるいは、取り組むこともできないのに、「きちんと見守る」「立ち位置を考える」と書くことは、心理的には非常に危険です。なぜなら、書いた職員も周囲も「対策をした気分」になってしまい、それで終わりになってしまうからです。

　また、保育園・幼稚園という組織のリスク・マネジメントとしても危険です。あるケガが起き、「今後はきちんと見守る」となにげなく報告書に書いたとしましょう。次に同様の、でももっと深刻なケガが同じ状況で起き、訴訟にもちこまれたとします。その場合、同様のケガが予見できた中で、「きちんと見守る」と報告書に書かれた対策がとられたのかどうかも争点になる可能性があります。

　子どものケガは、組織にとっては大きなリスク要因です。その点を考慮すると、取り組まない対策、できない対策、効果を評価できない対策を、「対策」として紙の上に残すことのリスクを考える必要があります。このテーマについては、ぜひ、保育園・幼稚園に関連する訴訟の事例集などもお読みいただきたいと思います。訴訟事例は深刻なケースばかりですから、「万が一起こるかもしれない深刻な事象」ととらえて、それぞれがどんなパターンのハザードなのかを職員みんなで考える、自園にあてはめてみる、そのための材料にもなります。

> **ポイント**
> 「できない対策」「しない対策」を報告書に残すことは、組織のリスク・マネジメントとしてもマイナス。

　たとえば、『事例解説 保育事故における注意義務と責任』（古笛恵子編著、新日本法規出版、2010）が参考になります。

第4章

安全の第一条件は、園内における「情報の風通し」

第4章
安全の第一条件は、園内における「情報の風通し」

「ここが危ないよ！」と率直に言いあえる園ですか？

　ここまでお読みになって、「よし、私の園でも、危ない所があるかどうか見てみよう」と思われた先生もいらっしゃることでしょう。

　さあ、ここで問題です。あなたの園では、たとえばある職員が「ここは危ないかも」「最悪のことが起きたら、ここで子どもが死んでしまうかも」「この洗剤は、ここに置かないほうがいいのでは？」と思ったときに、それをはっきり口に出して、園長先生、主任の先生、あるいは一緒に担任をしている先輩の先生に言うことができる環境ですか？「組織としての風通し」がいい園ですか？

　もし、あなたがここで「うーん」と思ってしまうようなら、今の段階で安全チェックをしてもあまり意味はありません。まず、組織としての風通しの問題を解決しましょう。子どもの命、安全にかかわる情報が、上も下もなく、スムースに流れる組織にする、ということです。

　「もちろん、私の園は大丈夫！」と思う園長先

> **ポイント**
> 園の風通しに不安がある場合、職員がそろって安全チェックをしてみても効果は期待できない。

生、主任の先生もいらっしゃると思います。でも、残念ながら、管理職は組織の中で「裸の王様」であることが多い、という点をまず意識してください。管理職には見えていない人間関係、力関係、関係のしこりが組織の中にはたくさんあります。一方、管理職に対して他の職員がどう思っているか、感じているかは、ほぼ間違いなく、管理職には見えませんし、聞こえてもきません。

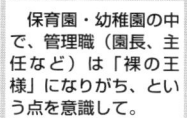

> **ポイント**
> 保育園・幼稚園の中で、管理職(園長、主任など)は「裸の王様」になりがち、という点を意識して。

自由に話ができない園では、安全チェックも役立たない

　この点(保育園・幼稚園の中での「風通し」)を理解せずに安全チェックをしても、おそらくなにも発見できないでしょう。

　もし発見できたとしても、「それは大丈夫よ」「死ぬわけないじゃない」「あなたが見守っていたらいいんじゃない?」「対策なんて立てられない。どうしようもないでしょ」「私がちゃんと見守っているから、大丈夫です」「ヒヤリハットしか起きてないのに、なんでそんな心配をしなくちゃいけないの?」「子どもはわかっているから(教えているから)、そんなこと、しないわよ」といった発言にかき消されてしまうだけです。

> **ポイント**
> ハザード、リスクを過小評価、または無視する発言が職員の中で出始めたら、効果的な対策には取り組めない。

　逆に言えば、「安全チェックをしてみよう!」と呼びかけて実施はしてみたものの、上のような発言がたくさん出て、結局なにもできなかったなら、あ

なたの園は「風通しの悪い園」だとわかることになります（なので、まずはとりあえず安全チェックをしてみる、というのもひとつの方法かもしれませんね）。

若い先生、経験のある先生が協力できる態勢を

若い先生も経験のある先生も、今、挙げたような否定的な言葉を受けることなく、率直に「これは危ないと思う」「ここはこうしたほうがいいと思う」

Column

話し方の基礎

　園内研修という形で学び合い、話し合いを進めるのであれば、皆が「ファシリテーション」の基礎を学ぶとよいかもしれません（127ページの書籍を参照）。しかし、コミュニケーションの課題は、職員会議や園内研修よりももっと手前、日々の「聞き方、話し方」にあります。本書のテーマはコミュニケーション・トレーニングではありませんので、細かくは記しませんが、なにより大切なのは、「人の話をきちんと受けとめる」「言下に否定しない」という点です。

　ご自身の口癖を考えてみてください。つい、「でもね」「だけどさ」と否定する言葉で相手に返事をしていませんか？（この口癖、けっこう多いのです！）相手の話が終わる前に、こちらの話を始めていませんか？　相手の話の内容にきちんと対応することもせず、自分の話ばかりをしていませんか？　仕事で失敗した後輩に冷静なアドバイスや指導をするのではなく、感情的に叱りつけていませんか？　実は、こういった日ごろの「聞き方、話し方」の問題が、「あの先生になにを言っても否定されるだけ」「話を聞いてくれない」といった風通しの悪さにつながるのです。

　コミュニケーション・トレーニングという形で私も実施はしていますが、ぜひ皆さん一人ひとりが、ご自身の「聞き方、話し方」を意識するところから始めてみてください。

と言える環境をつくっていきましょう。

先に書いた通り、若い先生方のほうが「事故慣れ」していないぶん、危なさには敏感です。けれども、職場の中では発言をしにくい立場にあります。一方、経験を積んだ先生の場合、ある程度「偽りの安心感」が身についているものの、深刻なケガや深刻なケガになりかけたケースをよく知っています。そして、職場の中では発言をしやすい立場にあります。

双方の、それぞれに強みと弱みを持った立場の人たちが対等に話をできるようにすることは、事故予防以外の側面、たとえば、日々の保育や授業をつくっていくうえでもきわめて重要だということは、私が言うまでもないと思います。

> **ポイント**
> 「年齢や立場によって、自由にものが言えない環境」は、事故予防だけでなく、保育・教育にとってもマイナス。

私たちは皆、認知の歪みを持っている

「組織の風通しをよくすること」の中には、私たち一人ひとりが必ず持っている認知（ものの見方）の歪みを意識し、園全体でその歪みのワナにはまってしまわないよう注意をする点も含まれます。

ヒヤリハットや軽傷の多い保育園・幼稚園では、職員の間に「偽りの安心感」、「たいしたことは起きない」という気持ちが育ちやすいことは、すでに述

べました（48ページ参照）。

　さらに人間はそもそも、「悪いことは自分（の家族、組織）には起きない」と思う認知の歪みを持っている点にもふれました。「楽観バイアス」という認知の歪みです（21ページ参照）。これは、人間が生きていくうえでは必要とも言えるものです。「自分に悪いことが起きるはずだ」「自分は失敗する」と思って生きていたら、毎日の生活も困難になってしまいますよね。「悪いことは起きない。大丈夫だよ」と思うことは、日々の生活に前向きに取り組むためには不可欠なのです。

「私たちが見守る」という自信は大切だが……

　それでも、事故やケガに関する限りは、この楽観が裏目に出ることもあります。私が園で、「ここは危ないのでは？」とお話しすると、「私が見守っているから大丈夫」「誰かが必ず見ています」「子どもはそんなこと、しません」という答えが少なからず返ってきます。皆さん、成長・発達の専門家として、強い自信を持っていらっしゃるわけです。私は、その自信そのものに疑いを持っているわけではありません。「自信を捨ててください」と言っているわけでもありません。

　「私が見守る」「私が子どもを守る」という意識、自信は、子どもをみる専門家にとっては不可欠で

> **ポイント**
> 「私が子どもを守る」という意識、自信はプロとして不可欠。その自信はしっかり育て、持ち続けて。

す。保護者にとってももちろん必要不可欠です。これがなかったら、日々、いろいろな危険にさらされている小さな命を守ることはできません。「私には、この子の命を守ることはできない。どうなってもいい」と思ったときに保護者がどういった行動に出るか、それはニュースなどでもよく目にするところです。ですから、楽観と自信は忘れずに、強く持ち続けていただきたいのです。

「見守る」という自信を持ちつつ、万が一に備える

　でも！　ここが大切なところです。「私が見守る」という自信と、「万が一、なにか最悪のできごとが起こる」という可能性を混同しないでください。あなたが「見守る」「見守れる」と感じていても、一瞬、子どもから目を離すスキはたくさんあります。職員が保育室、教室を出なければならない数秒間、数分間は毎日、何度も起きます。

　その「目を離したスキ」に、たとえ万が一の最悪の事態が起こっても子どもが死なないよう、子どもが重傷を負わないよう、子どもに障害が残らないよう、対策をとっておくことは、あなたが自信を持ち続けることと、なんの齟齬もきたしません。「きちんと見守ろう」「でも、万が一のときのために、子どもたちが口に入れたら危ない薬剤は、部屋の中には置かないようにしよう」、この２つはなんの問題

> **ポイント**
> 「私が見守る」「私が子どもを守る」という自信を持つことと、「万が一の最悪のできごとが起こる可能性」に備えることは、まったく別物！

見守り		万一の事態への備え
「私が見守る」 ・保育者としての自信、誇り。 ・保育の基本。 ↓ 現時点では事故予防の効果が明らかでないとしても、「価値」は大きい。	←別物だが、ともに必要。園内で共存させましょう。→	「それでも万に一つ最悪なことが起きるかも……」 ・ハザードをあらかじめ取り除く。 ・被害を軽減する対策をとる。 ↓ 【リスク・マネジメント】

「見守り」と「万一の事態への備え」

もなく、共存しますよね。万が一の最悪の事態に備えたからといって、皆さんの「見守り」の価値が下がるわけではないのです。

それどころか、危ない物を部屋から出してしまえば、あるいは、遊具の危ない部分などに安全対策をしてしまえば、先生方は今よりももっと積極的に、子どもの学び、遊びにかかわることができるのではないでしょうか。

「万が一は、私の園で起こるかもしれない」

ケガや事故の場合、「万が一」とは、「万が一にしか起こらない」ではありません。「万が一に起こる」なのです。そして、事故の場合、条件さえそろっていれば、どこででも起こる可能性があります。

46ページの、「事故によるケガの分布」のグラフ

第4章　安全の第一条件は、園内における「情報の風通し」

をもう一度、見てください。同じ条件の場所から同じ子どもを100回落としたら、100回違う落ち方をし、100回違うケガをするわけです。そして、一番ひどいケガがいつ、どこで起こるかはわからない。ここに「事故」というものが持つ「偶然性」という特徴があります。

　先に、埼玉県で起きた本棚での死亡のケースをお話ししました。あのように「子どもが入って出られなくなる場所」や「子どもが入って眠ったりしているうちに気温が上がって（下がって）危険になる場所」は、保育園・幼稚園にたくさんあります。あの本棚と同じ条件を備えたハザードは、無数にあるのです。死亡が起こることは「幸運にも」少ないのですが、しかし、同じハザードが存在する複数の施設のどこで、いつ「不幸にも」死亡が起こるかは、誰にもわからないのです。ですから、「万が一は起こらない」と考えるのではなく、「万が一は、私の園でも起こる可能性がある」と考えて、深刻なハザードをなくしていくべきなのです。

> **ポイント**
> 　同じ深刻なリスクがあちこちにあっても、死亡が起こることは「幸運にも少ない」。しかし、「少ない＝自園では起こらない」ではない。

個人の責任追及ではなく、原因追究によって危なさの除去を

　そしてもうひとつ、61・67ページでも簡単にふれましたが、自園や別の園、子どもたちの家庭で起きた事故、あるいはニュースで見た深刻な事故などについて話をするときの留意点をもう一度、説明して

119

> **ポイント**
> 環境や物の問題点を意識して話をしないと、ケガや事故の話題はついつい、「責任追及」、個人の批判に終わってしまう。

「原因帰属の誤り」は1960年頃から研究されています。さまざまな認知の歪み、特に認知の歪みの文化差などに関心がある方には、たとえばこの本。『木を見る西洋人 森を見る東洋人―思考の違いはいかにして生まれるか』(ニスベット著、ダイヤモンド社、2004)。ニスベット博士は、比較文化認知心理学の第一人者。

おきます。環境や物の問題点に意識して気持ちを持っていかないと、事故やケガの話題は「責任追及」で終わってしまいがちだ、という点です。

　悪いことが起きると、人間は状況や環境の問題点よりも個人の責任に目を向ける傾向があります。これは、「根本的原因帰属の誤り (fundamental attribution error)」と呼ばれる、非常によく起こる認知の歪みです。

　たとえば、ある部屋にあった消毒液をあやまって乳児が飲んでしまった。担任の○○先生が別の子どもをトイレに連れていき、もう一人の××先生が食後にちょっと吐いた子どもの後始末をしていたときに起こったことです。このような状況は、特に保育園ではよく起こりますね。目を離さざるをえない状況が起こるとわかっているなら、部屋の手洗い場、手の届く高さに消毒液を置いておかなければいいわけですが、話はたいてい、「なんでちゃんと見ていなかったの?」「(担任の)○○先生は不注意だから」「(もう一人の担任の)××先生の指導が悪いのよね」といった批判(責任追及)に向かいます。「消毒薬が置いてあったこと」(原因追究)そのものや、「どうすれば効果的に被害を防げるか」(実効性のある対策)は、話題になりにくいのです。

「私たちの園でも起こるかも」、これが安全づくりのスタート

　なぜ、このような「原因帰属の誤り」現象が起こるのかはよくわかっていませんが、ひとつの理由としては、「特別な個人や集団のせい」にしてしまえば、自分自身は無関係でいられる、という点が挙げられます。「あの人（たち）は○○な人（たち）だから」（＝私は違う。私たちは違う）と言うことで、無意識にできごとと距離を置いているのです。

　たしかに、死亡事故が起こった園について、「あの保育園・幼稚園は〜だから」「あの先生たちは〜だから」「担任は〜だったんだって」「信じられない！　私たちはそんなことないよね」、こう話をしてしまえば自分たちは無関係だと感じられ、楽な気持ちでいることができますね。

　反対に、「あ、そういうことって、私たちの園でも起こるかもしれないね」「同じような危ない所がうちの遊具にもあるよ」と考え始めたら、まるで自園でも死亡事故が起こると予想しているかのように感じられ、不安な気持ちになるでしょう。

　けれども、皆さんの園の安全を高め、事故（ケガ）予防を進め、組織としてのリスク・マネジメントに取り組むためには、当然のことですが、後者の態度をとるほうがよいのです。他の園、施設で深刻なケガが起きたら、それは皆さんの園の安全対策を進めるチャンスです。環境条件だけでなく、組織運営の

> **ポイント**
> 「あの園だから」「あの人だから」と言ってしまえば、「自分（たち）は無関係だ」という気持ちでいられる。

> **ポイント**
> 他の園で起きた深刻なケガ、できごとは、皆さんの園の安全対策を進めるチャンス！　テレビや新聞からもどんどん情報収集を。

しかた、保育や教育の進め方についても、ケースを検討し、ケースの中から「一般的なパターン」や「どこにでもあてはめられる知識」を抜き出し、皆さんの園にあてはめて考えてみる、そのようなトレーニングを続けてください。

そして、ここまで説明してきたような認知の歪みを、職員が一人ひとり、全員で意識する。さらに、「万が一の最悪のできごと」が自分の園で起きる可能性を想像してみる。そんな気持ちを育てるためにも、園の風通しは不可欠です。

「昨日のニュースでやってたんだけど、〜の保育園で子どもが死んじゃったんだって」「え、事故？」「そうみたい」「どういうことだったんだろうね。ネットで見てみようか」、そんな話が自然に出てきて、集まった情報についても、「ここのところって、私たちの園にも同じような問題があるんじゃない？」「私たちの園でも、こういう危なさ（ハザード）があるよね」と皆で話しあえる環境を積極的につくっていきましょう。

他園の見学、友だちの家……、いつでもどこでもトレーニング！

自園の環境に慣れてしまうと、あちこちに隠れているハザードをみつけることはむずかしくなります。特に、1法人1施設の園では、皆が自園しか見ていないため、認知の歪みも育ちやすくなります。

他の施設を見学してみると、「あ、こんな工夫をしているんだ」「あれ、これはちょっと危なくない？」「そういえば、私の園にも同じような物がある」といった気づきがあります。自園では見慣れすぎていて気づかない危なさに、他の園で気づくこともあるのです。

　他の保育園・幼稚園を見る機会がなかなかない場合には、たとえば、ご自身の家でもかまいません、ご友人の家でもかまいません、そこに子どもがいてもいなくても、あたりを見回してみて、「あ、この高さは、△歳ぐらいの子どもが落ちたら大変」「ここは子どもが指をはさむ幅だな」「こういう鍵もあるんだ……」と注意を払ってみてください。

> **ポイント**
> 他施設を見学してみると、自園では見慣れすぎて（偽りの安心感」を感じすぎて）気づけない危なさに気づくことも。

成長・発達、他の子どもとのかかわりを皆で考えて

　もうひとつは、子どもたちがよく遊ぶ公園の安全チェックです。散歩に連れていく公園でもかまいませんし、保護者が休日によく子どもを連れていく場所でもかまいません。そうした公園の遊具、環境を見、皆でいろいろと考えてみるのです。

　そのとき、必ず、「この遊具のこの高さだと、△歳児は登れてしまう。でも、落ちたら危ないね」「この遊具は小さい子どもも大好きで、ロープを使ってよじ登っている。でも、ロープの扱いが雑な大きい子どもがまわりにいると、小さい子どもが驚

> **ポイント**
> いろいろな側面から子どもの行動やリスクを検討し、安全対策を考えるためには、「みんなの知恵」を出しあうことが大切。

いて手を離してしまったり、ロープに振り回されたりすることもあった。大きい子どもとは遊ばせないほうがいい」など、子どもの成長・発達段階に合わせた具体的なハザードの評価、遊びの評価をしてみましょう。同時に、他の子どもとのかかわりによって動きがどう変わるかについても、知恵を出しあってみてください。

たとえば、傷害予防を専門にしているカナダの発達心理学者が行った実験によれば、成長して競争心が出てきた子どもたちは、「ちょっと無理かな」と思うようなことでも、友だちがしているのを見ると挑戦したくなることがわかっています。そして、一人であればしない、危険な行動にも出てしまうのです。「挑戦してみよう！」という気持ちは、成長のためには重要ですが、「負けたくない」と思って、まだできないこと、危険なことをしてしまうのは避けなければなりません。特に、小学生など、運動能力が高い子どもたちも一緒に遊ぶような場所では、遊びが危険になったときには活動を中止するなどの判断も必要になります。

いくつかの保育園・幼稚園、公園や屋外施設を見ていくと、次第に「見

> **ポイント**
> 競争心が出てくると、子どもは友だちに対抗して、「できないこと」「してはいけないこと」にも無理に挑戦しようとする。

発達心理学の観点からの子どものケガ予防研究、その専門家は世界でも数が少ない。ここで引用した文献は、Morrongiello BA & Sedore L. (2005). Applied Developmental Psychology, 26, p.347.

るポイント」がわかってきます。ぜひ、そのようなポイントを職員の皆さんで持ち寄って、子どもの成長・発達に合わせた事故予防対策、ケガ予防対策、そして、遊びづくりをしてみてください。

> ## Column
> ### 「事故は起きてませんよ」：責任追及のゆく末
>
> 　子どもの記憶が実にあいまいで、誘導尋問に弱いことは、よくご存じですよね。実は、おとなの記憶も決してしっかりしたものではありません。おとなも、「自分につごうの悪いことは忘れる」「記憶をねじまげる」ということを日常的にします。
> 　個人の責任を追及するタイプの事故対応、ケガ対応ばかりを園のリーダーたちがしていれば、職員は当然、自分自身の責任を逃れようとします。その中で記憶もねじまげられるわけですが、「そうじゃないでしょ」「事実はこうじゃなかったの？」といくら問いつめたところで、議論は永遠にかみあいません。それどころか、「そうじゃありません」と強弁すればするほど、本人の心の中にある「事実」もねじまがり、最初は「嘘」だったことさえ「事実」になっていきます。
> 　責任追及よりも原因究明・再発防止を中心に置いた事故予防、ケガ予防、安全対策を日ごろからしておくことは、こうした問題を防ぐうえでも役立ちます。「個人的に責められることはない」とわかっていれば、保身のために事実をねじまげよう、なかったことにしようとする動機は低くなり、事実がきちんと出てくる可能性が高くなるからです。
> 　もちろん、職員の保育、その基本的な部分が問題となって事故やケガが起こったときは、きちんと保育を見直し、意識・行動を変える必要がありますよね。でも、そのとき、単純に「あなたが見てなかったんでしょ？」（責任追及）と怒るのと、原因を理解したうえで「あなたの保育のここの部分は、こういうふうに変えたほうがいいんじゃないかな」（指導、アドバイス）と話すのとではまったく違うこと、対象となる先生の受けとめ方も大きく異なることは、おわかりいただけると思います。

Column

　園内外の安全点検は、「参加型園内研修」の題材にとても適しています。ケガやヒヤリハットは職員誰もが経験をしていること。にもかかわらず、「安全」や「安心」は人によって見方が違うものだからです。共通体験と見方の違いを持ち寄ることで、学びは深まります。また、世代間の違い、立場の違いを越えて話をする機会にもなります。

　ひとつの題材が、「お散歩に行く公園の安全チェック」です。たとえば、こんな感じで進めてみてください。方法は、次ページで紹介している書籍の内容に従っています。

① 園で、または保護者がよくお散歩に行く公園のおおまかな地図を作り、Ａ３でグループのぶん、印刷する。
② ４〜５人のグループをつくる。経験年数の違う職員を混ぜる。
③ その公園で起きたケガやヒヤリハット、ケガもヒヤリハットも起きてはいないが「危ないな」と思う場所などを、職員一人ひとりで大きめのフセンに書き出していく（個人作業）。
④ 書き出し終えたら、グループでフセンを地図に貼っていく。滑り台なら滑り台に関係する危なさ、ケガ、ヒヤリハットを、階段なら階段に関するものをまとめて貼る。
⑤ グループごとに発表し、全体で経験や「危なさ」の見方を共有する。見方の違いも出しあって、話しあう。
　　＊注意：④⑤のときには、「え、そんなことあったの？」（蒸し返し）、「そんなの、危なくないんじゃない？」（危険の過小評価）などはしないこと。
⑥ 次に、本書の第３章で説明した「ハザードのパターン」の見方を使いながら、グループ内でフセンを分類し直してみる。たとえば、あるヒヤリハットが「高さ」で起きたのか、「傾き（坂）」で起きたの

参加型園内研修で安全点検をしてみよう！

か、「でっぱり」で起きたのか、などを見直し、ハザードごとに分類し直す。
⑦ 全員で、ハザードごとのケガ、ヒヤリハット、危なさを共有し、安全対策を考える。このとき、「その階段の段差（高さ）だと、年長さんは大丈夫だけど、3歳は転ぶ可能性が高いから、手をつないだほうがいいよね」といったふうに、子どもの成長・発達、および実際のクラスの中の条件とハザードをつなげて考える。
⑧ この結果を簡単な一覧表などにまとめておき、ふだんは行かない公園に行くときや遠足に持っていって、同じようなパターンの危なさがないかどうか、見てみるとよい。例：「あ、あの段差は、ふだん行く公園で、年長児がよくつまずく階段の段差より高いなぁ。じゃあ、いつもよりゆっくり歩かせよう。」

【参考文献】
秋田喜代美監修、松山益代著『参加型園内研修のすすめ―学び合いの「場づくり」―』ぎょうせい、2011

第5章

保護者に安全と事故予防の情報を伝えよう
―― 保護者を強い味方にする
「前向きリスク・マネジメント」へ ――

第5章
保護者に安全と事故予防の情報を伝えよう
―― 保護者を強い味方にする
「前向きリスク・マネジメント」へ ――

　ここまでお読みになって、いかがでしたか？ 事故（ケガ）予防、安全に関するヒントを得ていただけたでしょうか。安全チェックはしてみましたか？
　さあ、いよいよ皆さんの知恵と実践を発信するときが来ました！ 園における事故予防対策、安全対策は、ひとつひとつ、すべてが家庭でも使える大切な知恵です。どんどん発信していってください。皆さんが発信する情報は、家庭における事故予防、ケガ予防に役立つだけでなく、保護者を保育園・幼稚園の強い味方にする方法でもありますから、積極的に取り組んでいきましょう。

子どもたちが育つからこそ、事故は起こる

　まず、家庭に発信できる保育園・幼稚園の「大切な知恵」とはどういうことでしょうか。数年にわたり、主に保育園の先生方から勉強させていただき、私が理解した最大の、そしてもっとも重要な点は、

「子どもの安全、子どもの事故予防について現場で考え、対策を立てることは、子どもの成長・発達をよりよく理解することそのものだ」という点です。

　子どもは日々、育っていきます。「〜ができるようになって」「〜に興味を持つようになって」「〜を楽しいと思うようになって」「〜に挑戦してみたいと思うようになる」、子どもは毎朝、こうした気持ちを心の中に抱いて世界に出ていきます。そして、実際に「やってみよう！」と挑戦してみると……。ちょっと失敗してケガをしてみたり、やりすぎてケガをしてみたり。ヴィゴツキーが概念化した「成長」の考えにもとづくなら（102ページ参照）、小さな事故や小さなケガの多くは、子どもが育つからこそ起こるものなのです。

　こう考えてみると、事故予防や安全のポイントは、子どもの育ちや変化を的確にとらえる専門家である保育士、幼稚園教諭の皆さんの目には、本来よく見えているはずだということになります。「本来」、と書いたのは、これまで説明してきたさまざまな認知の歪みや組織の風通しの悪さゆえに、その「目」が現時点では十分には機能していないのではないか、という意味です。安全にかかわる認知の歪みを園長と職員一人ひとりが意識し、風通しのよい園をつくり、子どもの育ちや変化に焦点を合わせて安全を考える、そうしていただくことで初めて、効果的な予防の取り組みが始まるのです。

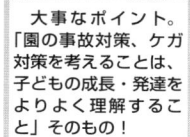

> **ポイント**
> 大事なポイント。「園の事故対策、ケガ対策を考えることは、子どもの成長・発達をよりよく理解すること」そのもの！

> **ポイント**
> 先生方には「本来」、安全のポイントが見えているはず。でも、認知の歪みや風通しの悪さがその目をくもらせている。

「成長・発達・安全」という知識のセットを持つ

　保育園・幼稚園で事故予防に取り組み、それを伝えるときには、ぜひ「成長・発達」を前面に出して、子どもの育ちと変化、それに付随して起こる危なさを学ぶ、伝える、という視点を持ってください。これは、保護者にとってだけでなく、先生方にとっても、成長・発達と安全、事故予防についてくわしく学ぶとてもよい機会になるはずです。

　何度も申し上げていますが、安全や事故予防に取り組むときは、子どもの成長・発達を考えに入れることが不可欠になります。そうしないと、わけもわからず施設じゅうにクッション材をまきつけたり、効果のないルールを職員や子どもに押しつけたりすることにもなりかねません。「子どもが転んで顔に傷をつけたら大変だから、どこもかしこもクッション材！」では、ムダなだけでなく、杓子定規なだけにかえって危険かもしれないのです。

　成長・発達と、それに伴う危なさのパターンを「1セットの知識」として持っていれば、ふだんとは少し違う状況の危なさに出会った場合でも、応用することができます（126～127ページの「参加型園内研修で安全点検をしてみよう！」を参照）。それぞれの発達段階にいる子どもは、どのような転び方をするのか（例：尻もちをつく、つまずくなど）、なぜ、そのような

> **ポイント**
> 個々の子どもの発達や特性、集団の特性に合わない杓子定規な安全対策はムダ。場合によっては、危険でさえある。

> **ポイント**
> 成長・発達と1セットにして初めて、安全の知識は応用のきくものになる。応用がきく知識＝新しい状況でも使える知識。

転び方なのか（例：からだ全体のバランス、歩き方など）、その転び方や歩き方の特徴に合わせた安全対策はどうあるべきか、このように考えていただきたい。そして、その知識と実践を保護者にどんどん伝えていっていただきたいのです。

　保護者の養育能力が低下していると言われる今、保護者以上にしっかりと子ども一人ひとりの育ちを見守り、支えているのは保育園・幼稚園の先生たちです。園で取り組む事故予防の内容、ケガ予防の実践を情報として提供していくことは、非常に価値のある保護者支援となるでしょう。

「リスク・コミュニケーション」で情報の質と量をアップ

　今まで何度か使ってきましたが、皆さんは「リスク・コミュニケーション」という言葉をご存じですか？　そのまま解釈すれば、「リスクについてコミュニケーションする」ということですね。ただし、これは「コミュニケーション」というぐらいですから、一方向ではありません。情報を提供したら終わり、ではなく、そのリスクに関係する人たち皆が参加して情報をやりとりしながら、情報の価値を高めていく。足りない情報や新たな情報を付加していく。これが本当のリスク・コミュニケーションです。今の話題で言うと、園、保護者、地域行政など

> **ポイント**
> リスク・コミュニケーションは、一方通行ではなく、関係者すべてがコミュニケーションに参加して、情報の質を高めていく手法。

が疑問や意見を相互に交換しながら子どもの事故やケガ、安全に関連する情報の質を上げ、包括的にしていくことが、真のリスク・コミュニケーションなのです。

欧米では、リスク・コミュニケーションは確立した学問・研究・実践応用分野です。政府・省庁、企業、軍隊など、大きな組織にはたいていリスク・コミュニケーションの専門家がおり、市民、消費者とのコミュニケーションにあたっています。小さな組織では専門家を置くことはできませんが、専門のコンサルタントがその任にあたっています。

ひるがえって日本はどうでしょうか？ 2011年、東日本大震災で起きた福島第一原子力発電所事故後の、政府と企業の対応を思いだしてください。あの事態に象徴されているように、残念ながら、リスク・コミュニケーションがうまく行われている状況ではありません。

「情報を隠す」「嘘をつく」「情報はあっても、すぐに発表しない」「必要な情報を求められても出さない」「一般人にはわかりにくい形（専門用語など）で発表する」「一般人にはわかりにくい場所で発表する（ウェブサイトのわかりにくい場所や、新聞に載りにくい時間の発表など）」「市民や消費者がこうむった被害に対して共感を示さない」「市民の疑問に答えない」「『大丈夫です』『安心してください』といったあいまいな言葉を多用する」、これは特別に原発事

> **ポイント**
> 欧米においては、リスク・コミュニケーションの専門家が現場で活躍している。福島原発事故にみるように、日本では未発達。

> **ポイント**
> リスク・コミュニケーションでしてはいけないこと、は明らか。これらをすればするほど、その組織に対する信頼は落ちる。

「安全・安心」とよく言いますが、この2つは同じもの？ 次ページのコラムをお読みください。

故のことを書いているわけではありません。リスク・コミュニケーションにおいて「してはいけないこと」を並べただけです。政府であろうと大企業であろうと、保育園・幼稚園であろうと、リスク・コミュニケーションの基礎は変わらないのです。

下のコラムに関連して、特にリスクや安心・不安に関する個人の感じ方の違いについては、『災害に備える・災害に対応する（下）：緊急事態におけるリスク・コミュニケーションのあり方と課題』（掛札逸美、『国民生活研究』、51巻2号、2011）。

Column

「安全」と「安心」は別のもの

　「安全・安心」という言葉をよく耳にしますね。でも、「安全」と「安心」は、並べられるものなのでしょうか？「安全」はある程度、客観的な尺度で測ることができます。たとえば、「このすきまなら、×歳の子どものからだはすり抜けられないから、安全だ」といった尺度です。環境や物のレベルで「100％の安全」を達成することは決して容易ではありませんけれども、ある程度の安全は確保できます。

　一方、「安心」は私たち一人ひとりの主観です。上の「すり抜けの幅」なら、目で見ることもできますし、「何センチ」とイメージもしやすい。おそらく、多くの人が安心を感じることができるでしょう。でも、目に見えないもの（食品添加物、放射性物質など）、専門知識がない人には理解しにくいもの（高度な機械や技術など）、発生のしかたがランダムに見えるもの（事故、病気、災害など）に対して感じる「不安」（＝「安心」の反対側）は、個人の知識、経験、性格などによって大きく異なるのです。ある人にとっては「安心」な状況・状態も、別の人にとっては「とても不安」なものとなりえます。そして、個人が感じている不安を理屈や「安心して」という言葉で消し去ることは非常にむずかしいのです。

　「安心してください」「大丈夫ですよ」「たいしたことではありません」、こういった言葉は、人によってまったくとり方、感じ方が違う。そう考えると、あいまいな「安心」を喧伝するよりも、きちんと目に見える形で「安全」を確立し、伝えていったほうが効果的、ということになりますね。

「起きたときの言い訳」ではなく「事前の情報提供」

子どもの事故、ケガのリスクについても、リスク・コミュニケーションの原則は同じです。問題が起きてからではなく、事故やケガが起こりそうな場合（例：運動会、調理実習、「かむ」「ひっかく」といった成長に伴う特徴的な行動など）には、事前に事故やケガの危険を伝え、安全対策についても説明する。小さなヒヤリハットやケガでも、対策を実践したらきちんと伝える。さらに日ごろから、

① 小さな事故やケガは、成長・発達の過程で起こりうる
② 小さな事故やケガは、集団生活の中では家庭以上に起こりうる

この２点を、成長・発達の中で起こる驚きや楽しさ、集団生活の利点や成果とあわせ、ポジティブな文脈で保護者に伝えていくことです。そのとき必ず、「親御さんは事故の心配をなさると思いますが」といった言葉で保護者の不安に共感の気持ちを表しつつ、対策を書きましょう。「対策をしているから、安心しろ」ではなく、「不安は当然ですよね。だから、私たちも安全の努力をしています」という意味合いで伝えるのです。

大きな事故、深刻なケガが起きた後になって、「申し訳ありません。こういう事故は避けられませ

> **ポイント**
> リスク・コミュニケーションの基本は、「先まわりして」「率直に」「事実を」「わかりやすい言葉で」伝える。

> **ポイント**
> 保護者が感じるであろう不安や懸念には、先まわりして共感を。「皆さんの気持ち、わかっていますよ」というメッセージ。

ん」と言っても、言い訳にしか聞こえません。保護者は腹を立てるだけです。そうではなく、小さなケガが起きたときに「○○組の子どもたちは、〜ができるようになりました！ ちょっと失敗して、ほんの少し指を切ってしまった子もいます。きちんと消毒してばんそうこうを貼り、またみんなで一緒に遊びました。次はもっと上手になりますよ！」と、楽しさや達成感の中に「ついてくるもの」として事故やケガの情報を日常的に入れるのです。

> **ポイント**
> 伝えるときの必須要素：育ちの事実、ケガの事実またはその可能性、保護者の不安への共感、対策と、予測される効果。

　先に説明した通り、「起こるとわかっていた悪いこと」が起こったときと、「予想していなかった悪いこと」が起こったときとでは、人間の受けとめ方は大きく変わります。後者のほうが驚きも怒りも大きいのです。ですから、ふだんから「この発達段階にいる子どもたちが〜をすると、こういう事故、こういうケガが起きがちです。大きな事故になるのでは？ とご心配の保護者の方もいらっしゃると思います。そこで園ではこういう対応をしています」と伝えていきましょう。それは家庭でも役立つ情報になるのです。

家庭と保育園・幼稚園を、「安全」でつなぐ

　園だよりなどで使っていただける家庭向けの安全情報を、ここまでいくつか「園だより文例」として

> **ポイント**
> 本書に掲載した「園だより文例」を活用してください！ 園の取り組みと家庭への情報を併記することで「横並びの姿勢」を。

書いてきました。こうした情報は必ず、保育園・幼稚園における安全の取り組みと一緒に伝えてください。家庭向けの情報だけを書くと、園が「指導する」「アドバイスする」という高飛車な姿勢にも見えてしまいます。そうではなく、「私たちはこうしています。皆さんのお宅ではいかがですか？」という、横並びの視線で伝えることが肝要なのです。

「食育」を例にとってみましょう。食べ物の話、調理の話をする際には、必ず保育園・幼稚園で行った行事のことを書き、それとつなげる形で食育の内容を書きますよね。保育園・幼稚園の取り組みと家庭での食事・調理をつなげることで、保護者は行事の様子を頭に浮かべることができ、「私の子どもが行っている園では、食べ物のことをきちんと考えている」という印象を持ちます。それだけでなく、「家で使える情報も教えてくれる」という一種の「お得感」を感じることにもなるのです。

安全に関してもまったく同じです。たとえば、小物の誤飲対策を伝える場合はこんな形です。「私たちの園では、子どもが飲みこんでしまう小さな物、おもちゃの小さな部品などは、保育室（教室）に置いていません。ご家庭にも、小さな物（約4センチよりも小さい物）はたくさんありますよね。なかでも、ボタン電池や磁石は、食道

や胃の中でびらんのような深刻な症状を起こすことがあるそうです。たとえば、ボタン電池を使っている玩具やリモコンは、電池カバーをガムテープでしっかりとめる、またはラップや真空パックでおおってしまうなどの工夫をしてみては、いかがでしょうか。」

「『事故予防』『ケガ予防』と園だよりに書くと、悪いことが起きるかのような気持ちになって居心地が悪い」とお思いになるのでしたら、「安全対策」と言いましょう。「安全対策」と言えば、事故・ケガ予防だけでなく、自然災害対策も不審者対策も、交通安全も含む広い話題としてとらえることができますね。

事故予防、ケガ予防を含んだ「安全」全体について、保育園・幼稚園で取り組んだ環境改善、職員の中でのルールづくり、子どもへの安全教育や遊びの工夫などを（できれば画像入りで）伝えましょう。同時に、「ご家庭でもこういう工夫をしてみると、万が一、目を離しても大丈夫ですね！」「災害のときに役立ちます！」と書いてみてください。すると、「園では、安全な環境づくりをしている」という情報とともに、家庭でも使える情報が届き、保護者側には「お得感」、園への信頼が生まれます。

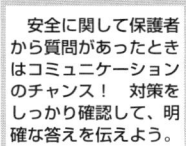

> **ポイント**
> 安全に関して保護者から質問があったときはコミュニケーションのチャンス！　対策をしっかり確認して、明確な答えを伝えよう。

> **ポイント**
> 安全の情報は画像入りがもっとも効果的。写真でも簡単なイラストでもかまいません、「ここを改善」「こんな工夫」と示して。

Column

　日本保育協会では、ジョンソン・エンド・ジョンソン社会貢献委員会の助成を受け、『子どもの育ちと安全がわかる！　子育て安心カード』を製作、保育園で配布するプロジェクトに、2011年から取り組んでいます。

　このプロジェクトは、保育園にある「安全の知恵」を、一人ひとりの子どもの成長・発達に合わせたタイミングで保護者に提供することを目的としています。一方で、「安全」という話題を通じて、または「特定の子どもの成長・発達を記念するカードを渡す」という活動を通じて、保育園と保護者のコミュニケーションをもっと活発にできれば、とも考えています。

　子どもの成長に関する情報と安全の情報を盛り込んだカードは、表面に子どもの名前を書き入れるようになっており、一人ひとりの子どもの発達（7段階）に合わせて、保育士が手渡せるようになっています。子どもの発達をお祝いする気持ちと、「こういうことができるようになったから、こんな危なさも出てくるんですよ」という情報提供を兼ねています。

　プロジェクトの背景には、「成長に合わせた安全の情報を個別に渡す」ことによる効果があります。米国で行われた研究によると、印刷された事故予防情報であっても、主語や目的語が一般的な「子ども」ではなく、自分の子どもの名前に置きかわっていて、情報の内容が自分の子どもの今の成長・発達段階に合っていると、保護者の受けとめ方が積極的になることがわかっています（米国ジョンズ・ホプキンズ大学公衆衛生学部のGielen博士らが進めてい

カードは計7枚。一人ひとりの子どもの成長に合わせて担任保育士が手渡し、コミュニケーションのきっかけにすることができます。カードには、その子の名前を書きこむスペース、保育士からのメッセージを書く欄もあります。

『子どもの育ちと安全がわかる！ 子育て安心カード』

る"Safety in Seconds"の実践から、多くのデータが出ている）。

また、私たちがこのプロジェクトの当初に行った実験では、「手渡し」の効果も明らかになっています。保育士から直接、ケガ予防のリーフレットを手渡された保護者と、「ご自由にお持ちください」と書かれた同じリーフレットを園から自分で持ち帰った保護者を比較すると、手渡された保護者のほうがリーフレットを保存し、「これからも使おう」と考える割合が有意に（＝統計学的に意味のある大きさで）高かったのです（掛札他、2011年の日本小児保健学会におけるポスター発表）。

今後は、参加園でのアンケートなども行いながら、効果的な配布方法、よりよいカードの活かし方を検討していきます。

「子育て安心カード」のセットには、園内研修用のマニュアル『活用の手引き』も付いており、保育士が事故予防・ケガ予防の大切さ、保護者とのコミュニケーションの重要さを学ぶことができます。また、セットには、園外研修で同カードについて学んできた保育士が園内研修をするときに使える「スライド」と「読み上げ原稿」も添付し、園外での学びを持ち帰りやすくする工夫がとられています。

【編集委員】
山中龍宏（緑園こどもクリニック院長、［独］産業技術総合研究所デジタルヒューマン工学研究センター 傷害予防工学研究チーム）
久野順子（つくしんぼ保育園理事長・園長、日本保育士協会前会長）
田中浩二（東京成徳短期大学幼児教育科准教授、のあ保育園副園長）
松田妙子（NPO法人せたがや子育てネット代表、NPO法人子育てひろば全国連絡協議会理事）
掛札逸美
〔子どもの発達の部分に関する監修〕
寺田清美（東京成徳短期大学幼児教育科教授）

【『子育て安心カード』に関するお問い合わせ先】
社会福祉法人日本保育協会 研修課
電話：03-3486-4420

「私の子どものために書かれている」という印象を

　安全の情報は、一般的な子ども全体に対する情報としてではなく、特定の成長・発達の段階に結びつけて書くほうが効果的です。たとえ園だよりの記事であっても、「私の子ども向けに書かれている」という印象が強くなるからです。

　たとえば、「歩き始めから2歳の誕生日までは、お風呂で溺れる危険がもっとも高い時期です。私たちの園では、お風呂の浴槽と同じぐらいの高さにあって、常に水が張ってあるトイレの汚物洗い槽に重いフタをつけ、子どもがのぞきこんだりしないようにしました。この時期のお子さんがいらっしゃるご家庭では、浴槽に重いフタをする、お風呂に鍵をかける、残し湯はしないなどの工夫をしてみてくださいね」といった書き方です。文章の冒頭に「歩き始めから2歳の誕生日まで」と書いてあることで、その年齢に該当する子どもを持った保護者の目をひくことができます。

　「それなら、クラスだよりに書いたほうがいいのでは？」と思われる方もいらっしゃるかもしれません。でも私は、保護者全員が目を通す園だよりのほうが、成長に沿ったさまざまな取り組みを伝えられるのでよいのではないかと考えます。「いろいろな情報を出しているんだ」という印象も与えられるか

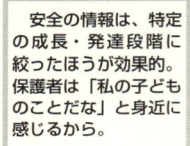

> **ポイント**
> 安全の情報は、特定の成長・発達段階に絞ったほうが効果的。保護者は「私の子どものことだな」と身近に感じるから。

> **ポイント**
> 特定の年齢、発達段階の子どもに関する情報であっても、より多くの保護者の目にふれる園だよりで発信を。

らです。また、園に預けている子どもはある程度大きくなっていても、次の子が生まれてくる場合があるでしょう。逆に、「大きくなってこういうことができるようになったら、こんな工夫をすればいいんだ」と、先まわりして考える材料を提供することにもなるからです。

事故を、信頼醸成のチャンスに変える

　リスク・コミュニケーションのもうひとつの核は、実際になにかが起きた後の情報提供です（これは「クライシス・コミュニケーション」と重なる部分です）。子どもが保育園や幼稚園でケガをしたときに、嘘をついたり、事実を隠したりしてはいけないことは、皆さん、おわかりだと思います。すぐに電話で保護者に事実を伝え、園の救急対応に了解をとっていらっしゃることでしょう。

　事故やケガが起きた後は、園の積極的な姿勢を伝えるチャンスでもあるのです。具体的なケガの内容まで園だよりに書く必要はありません。「このようなケガがありました。さっそく園内の安全を見直し、○○のような対策をとりました」と、短くても

ポイント

事故や不正について嘘をついたり事実を隠したりした企業・組織は、信頼が失墜する。保育園・幼稚園も例外ではない。

かまいませんから書いてください。環境改善や職員のルールづくりといった明確な成果が出たときは、保護者向けのメッセージとして特に重要です。

　こうしたコミュニケーションを通じて、組織の透明性をアピールするだけでなく、園が事故予防、ケガ予防に迅速に取り組むシステムを持っていること、そのシステムの中で、事故の教訓が実際に活かされていることを伝えることになります。

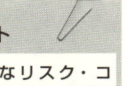

> **ポイント**
> 活発なリスク・コミュニケーション（リスクに関する情報のやりとり）は、園の組織の透明性、柔軟性をアピールする機会。

園主体の、ポジティブなリスク・コミュニケーションを

　皆さん、園だよりでは、食育や遊びについていろいろと伝えていますよね。ぜひ、2か月に一度、あるいは3か月に一度でも、安全について書いてみてください。コミュニケーションは、どこかで誰かが始めなければいけません。誰が？　保育園・幼稚園が始めるべきです。

　事故やケガに関するコミュニケーションが保護者から始まる場合は、たいていが保育園・幼稚園の対応に対する苦情であり、不満です。コミュニケーションが一度、苦情や不満で始まってしまったら、それを、ここまで述べてきたようなポジティブなコミュニケーションに変えることは非常にむずかしくなります。先に説明した通り、失墜した組織や企業への信頼を上げるのはとてもむずかしいからです。

> **ポイント**
> 保護者から始まるリスク・コミュニケーションは苦情や不満が主。園が先んじて、ポジティブなコミュニケーションを始めて。

事故やケガに関するコミュニケーションは、保育園・幼稚園側からポジティブな枠組み（安全に関する情報提供と、園の取り組み）でスタートし、発信し続けることが、なにか問題が起きたときにもダメージを少なくする鍵になります。

クレーマー対応より、保護者を園の強い味方に

「ケガや事故についてクレームをつけてくる保護者がいるのですが、どうしたらいいのでしょうか」、この質問は「保育園・幼稚園におけるリスク・マネジメント」の中ではとても多いのです。

確かに、適切なクレーマー対応は大切なスキルです。うまく対応しないと、問題を悪化させてしまうのですから。とはいっても、クレーマー対応がリスク・マネジメントの中心テーマのように考えられてしまう現状は、リスク・コミュニケーション全体のバランスを考えると、とても残念です。なぜかというと、クレーマー対応に注意を奪われることで、本来もっとエネルギーと時間を注ぐべき「前向きリスク・マネジメント」が弱くなってしまうからです。

どういうことでしょうか？　ためしに、皆さんの園にいる子どもたちの数を頭に浮かべてみてください。そして、その子どもたちの保護者の数、同居している祖父母の数、今でも園を訪れてくる卒園児の

ポイント

園のまわりには、「強い味方」の候補がたくさん！「前向きリスク・マネジメント」でもっと味方づくりを。

数や、なにかあれば手を貸してくれる地域住民の数を考えてみてください。何百人、あるいは千人をゆうに超えるかもしれませんね。

さあ、今度は、皆さんが考えるいわゆる「クレーマー」の数を考えてみてください。何人いますか？ 私が今まで聞いたところでは、年間に１園あたり数人、多くても年間10人を超えることはないようです（その数人が、何度もいろいろなことを言ってくるために、数が多いように感じるのです）。

それでは、先ほど考えた「全体の数」から「クレーマーの数」を引いてください。何人残りましたか？ 全体の数からほとんど減らなかったのではありませんか？

ここが大事なところです。つまり今、保育園・幼稚園は、数人のクレーマーになんとか対応しようとして心とエネルギーと時間をすり減らし、本来であれば、園のとても強い味方になってくれるはずの保護者や地域住民とのコミュニケーションに力をさくことができなくなっているのです。

> **ポイント**
> 目先のクレーマー対策も大事。でも、園の強い味方になってくれるはずの、多くの人たちのことをもっと考えよう！

> **ポイント**
> 「クレーマー対策が大変で、ポジティブなリスク・コミュニケーションなんて考えられない！」──こうなっていませんか？

「文句を言ってこない＝味方」ではない

「特に文句を言ってこない保護者は、園の味方なんじゃありませんか？ その人たちと積極的なコミュニケーションをする必要はないのでは？」と思

Column

クレーマーをつくらない！

　「うちの園の保護者の中にはクレーマーがいて、困るんです……」という話をよく聞きます。よくよく話をうかがっていると、「先生、それは職員の方がおっしゃったこと（または態度）が引き金になっているんじゃないですか？」というケースが多々あります。つまり、「クレーマーがいる」ではなく、「園がクレーマーをつくってしまった」なのです。

　人間誰しも「よけいなひと言」を言ってしまい、人の心を傷つけてしまう経験があります。「よけいなひと言」はつい、意識せずに言ってしまうもの。自分ではなかなかわからない、気づけないのが「よけいなひと言」ですよね。でも、組織の中では、ほんの小さな「よけいなひと言」が信頼失墜のきっかけにもなりかねません（20ページのコラム「人災対策」参照）。

　「よけいなひと言を言わないためには、どうすればいいんですか？」、そう尋ねられます。本書の柱はコミュニケーションではないので、くわしくは書きませんが、基本は次の通りです。

　①　攻撃的になりやすい保護者に関しては、「こういうことを言わない」「こういう言い方を心がける」という形で情報を共有する。担任だけが対応するとは限らないので、職員全員で共有を。実際のやりとりをロール・プレイで練習してみることも効果的。

　②　保護者との関係がしっかりするまでは（その保護者が園の強い味方になったと感じられるまでは）、アドバイスや個人的に立ち入ったコメントはしない。保護者は、保育園・幼稚園の先生のアドバイスを素直に受け入れない場合も多い。「よけいなお世話」と怒る保護者もいれば、「自分はダメな親かも」と反対に落ち込んでしまう保護者もおり、どちらのケースも園としてはリスクになる。

　私が子どもの頃は、保育園も幼稚園もこんな心配をしなくてよかった状況だったと思います。でも、今は時代が違います。保育園・幼稚園に対する保護者の見方、それだけでなく子育てに対する保護者の見方も大きく変わりました。組織を守り、職員の心を守るためにも、クレーマーをつくってしまわないよう皆が意識して行動してください。

> 「特に文句を言ってこない保護者、おとなしい保護者は、園の味方」ではない。また、園がクレーマーをつくってしまうこともある。前ページのコラムをお読みください。

> **ポイント**
> 悪い噂、ネガティブな情報は、良い情報よりもずっと早く広がる。高度情報社会の今、そのリスクは昔以上に高い。

う先生もいらっしゃるでしょう。そうではありません。ふだんから食、安全、子どもの育ちについて関心を持ち、園といろいろと話をし、積極的な手助けをしてくれるごく一部の保護者を除けば、大部分の保護者は、いつ「クレーマー」になってもおかしくないリスクがあると考えるべきです。

なぜでしょうか。すでに説明した通り、人間は信頼していいのかどうかよくわからない組織や企業については、良い情報よりも悪い情報や噂を信じ、より「信頼しない」方向に動いていくからです。園にとってはたった一人のクレーマーであっても、その人がメールやブログ、Twitterを使って園の悪い噂を流した場合、「園の強い味方」以外の人たちは、悪い情報を拡散させる方向に向かう可能性があるのです（特にTwitterの場合、噂を広めるのはボタンを一回押すだけですから、とても簡単です）。立ち話と電話だけがコミュニケーション手段だった時代でも、悪い情報だけはあっという間に広がりましたね。今、そのスピードはもっと速く、一瞬にして、全国にさえ伝わりかねないのです。

クレーマーとの「情報戦」に勝つためには

クレーマーそのものに対応することは、非常にむずかしいと言わざるを得ません。ですが、クレー

マーが根も葉もない噂を流したときに、「○○園（の先生）は、そんなことないわよ」「あの人の言うこと、信じちゃダメだよ」と噂の流れを止めてくれる保護者、そこまではしなくても「きっと間違いか嘘だろうから、これ以上、広めないようにしよう」と考える保護者をなるべく増やしておく、これが高度情報社会になった今、もっとも重要なのです。

情報社会の中で確固たる信頼をつくりあげるためには、保育園・幼稚園も情報の出し方を工夫し、保護者を意識的に動かしていく。強い味方にしていく。そう考えて取り組むのであれば、出すべき情報の中には、これまでなら「なるべく隠しておこう」「出さないでおこう」と思われてきた事故やケガの情報も含まれてきます。安全の情報、事故予防、ケガ予防の情報をコミュニケーションの材料としてうまく使うことで、保護者と地域の信頼を上げることができるのです。迅速に、事実を、わかりやすく率直に、保護者に対する共感に満ちた言葉で伝える——これが常に基本です。

> **ポイント**
> 「こういう書き方（言い方）をしたら、保護者はどう思うかな」と常に意識しながらコミュニケーションをしよう。

保育・教育のプロとして働くために

保護者とのコミュニケーション全体を良くしていく、常に良くしておくことは、保育士の皆さん、幼稚園教諭の皆さん、その他の職員の皆さんが、100％

以上の力を本来の仕事（保育、教育）に注ぐうえでとても大切です（もちろん、園の中でのコミュニケーションを良くすることも不可欠です）。

　とはいえ、保育士の仕事も幼稚園教諭の仕事も、本来は保護者（成人）を相手にするものではありません。ですから、皆さんが「保護者（おとな）を扱うコミュニケーションのプロ」になる必要はないのです。今は、子どもだけを見ていればよい時代ではありませんから、保護者という「顧客」に対する最低限のコミュニケーション能力を身につけておかざるをえない、その程度のことなのです。

　どうか、かんちがいをなさらないでください。皆さんの本職は、保護者対応ではないのです。保護者とのコミュニケーションで皆さんが疲れきり、やる気をなくし、悲しい気持ちや怒りの気持ちでいたら、それによって悪影響を受けるのは子どもたちです。子どもたちと毎日、向かいあい、育ちを支え、うながしていく「プロフェッショナル」であるために、保護者とのコミュニケーションに心を砕きすぎないよう、気をつけてください。保護者対応にのめりこみすぎている職員、疲弊している職員がいたら積極的に声をかけ、気持ちを吐きだす場所をつくるようにしましょう。特に、管理職の先生方にはこの点をお願いしたいと思います。管理職ともなれば保護者対応、地域対応のプロであり、職員の心のケアの要なのですから。

> **ポイント**
> 保育士、幼稚園教諭はそもそも、「保護者を扱うコミュニケーションのプロ」ではない。でも、最低限の「顧客対応スキル」は必要。

> **ポイント**
> クレーマー対応にのめりこみすぎ、心を砕きすぎて先生が疲れてしまったら？　悲しい気持ち、つらい気持ちになるのは子どもたち！

そして、職員個人では対応できない、園ではもう対応できないという状況になったら、保護者や家庭を担当する行政部署に支援を求めましょう。「保護者支援」「地域支援」が保育園・幼稚園の役割として明記されているとしても、保育園・幼稚園にできること、保育園・幼稚園がかかわるべきこと、してよいことの線引きは必ずあるのです。

私は心理学の博士号を持っています。でも、カウンセリング心理学の専門ではありませんから、対象が誰であれ、カウンセリングをすることは米国でも日本でもできません。ある程度の知識はありますが、してはならないのです。保育園や幼稚園の先生方は、カウンセリングの専門家ですか？　違います

> **ポイント**
>
> 管理職は、保護者（おとな）対応の最前線に！　園で対応しきれないときは、保護者・家庭を担当する行政にも支援を求めて。

Column

クレーマー対応、ひとつの策

　クレーマーのケースはそれぞれに特徴があり、一般的な解決策を語るのは困難です。でも、学校におけるクレーマー対応の書籍（米国）を読んでみると、日本でも使える基本的な知恵があります。

　たとえば、「壊れたレコード作戦」（「壊れたレコード」を知らない先生は、先輩に聞いてくださいね）。無理な要求をしてくる保護者には、ひたすら「決まりですから」「無理です」「申しわけありません」（申しわけなく思う必要はゼロです！）。

　クレーマー対応は園長が一括して担当しましょう。現場の職員がそのつど対応するのでは内容も一貫せず、いっそうの怒りを買います。園長が相手なら、保護者もそれなりの態度をとるでしょう。なにより、園長の重要な仕事は職員の心を守り、ケアすることなのです。

よね。虐待やネグレクトが疑われる保護者、うつ病に見える保護者、そういった人たちにかかわることは、本来、保育士や幼稚園教諭の方がすべきことではないのです。日本はそういった「プロ」の線引きが甘い国であるために、現場にいる先生方が「子どもと一緒に親も」ついつい見守っていることがあります。行政の側にも、それを便利に思っている部分があるのでしょう。でも、これは良いことなのでしょうか？　私は違うと思います。それこそ、先生の小さなひと言が引き金になって、保護者にとっても、先生にとっても不幸な結果に終わってしまう可能性があるからです。

　「私たちは、子どもの育ち、学びのプロ」、その気持ちを忘れないでください。そして、協力しあい、必要なときには園の外にも支援を求めることで、「プロ」として子どもたちを育てていっていただきたいのです。そして、皆さん一人ひとりの毎日の保育の姿、教育の姿を積極的に見せ、伝えることで、保護者の育ちを支えてください。

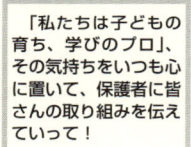

> **ポイント**
> 「私たちは子どもの育ち、学びのプロ」、その気持ちをいつも心に置いて、保護者に皆さんの取り組みを伝えていって！

第 6 章

【園長インタビュー】
安全チェック、ケガ予防対策を
実施してみて

第6章
【園長インタビュー】
安全チェック、ケガ予防対策を実施してみて

社会福祉法人つくしんぼ保育園理事長・園長、前・日本保育士協会会長
久野順子先生

(聞き手：掛札)

　本書では、東京都日野市にある「つくしんぼ保育園」の写真をたくさん使わせていただきました。同園では安全チェックだけでなく、職員全員での話し合い、予防の取り組みなどを2011年から進めていらっしゃいます。そこで、同園園長の久野順子先生にお話をうかがいました。

――保育園として、事故予防に取り組もうとお思いになったのは、なにがきっかけですか？

　秋山とめよ名誉園長が昭和20年、当時の中野区桃園町に助産院を開院、乳幼児も預かるようになったのが、この保育園の始まりなのです。昭和46年、日野にも開園して今日まできました。中野を閉園した昭和63年の頃には、私も職員として毎日、現場を走りまわっておりました。
　歴史のある園ですし、名誉園長の保育に対する考え方もしっかりしている、園舎も日々困らず使えている。「大きな事故も起こさずに何十年と過ごしてこられた」という自負は強かったと思います。掛札先生の事故予防のお話はうかがっていましたけど、正直な気持ち、「保育園関係

者でもない、うちの園とは縁もゆかりもない方と安全点検をするなんて」って、いやな気持ちもしてたんですね。

──「なんでそんなこと、しなきゃいけないの」と自覚していらした。

つくしんぼ保育園

していました。だから、その話は意識して避けていたのです。でも、あるとき、掛札先生が「『事故で不幸にも子どもが死んでしまった』と言うけど、本当は『子どもたちは、おとなのために作られた危ない世界の中で、なんとか幸運にも生き残っていく』んです」とおっしゃったんですね。それが衝撃的で。「ああ、私たちおとなは、（子どもが死なずにいてくれて）運が良かっただけだったんだ」って。

それでも２年ぐらいは迷っていたでしょうか。世代交代をして私が園長になった今が好機だと思い、安全点検をしてみようと。他人の目を入れて見てみたら、自分自身では見ないようフタをしてきたことが見えるかもしれない、変わるかもしれない、そんな気がしたのです。

──私の思いを感じてくださってありがとうございます！
　まず、久野先生と副園長先生、私の３人で園内、園庭を見回ってみたのでしたよね。

見回ってみると、「ああ、やっぱりね。ここは危ない」と思う所がいくつもありました。消毒用洗剤は子どもの手が届くところに置かれていましたし、渡り廊下とサッシの間には、子どもがつまずいたら足の指を

久野順子先生

骨折しそうなすきまも……。このすきま、「つまずいたら危ないね」と以前考えて、サッシを開けている間はすきまを埋めておく棒を作って置いてあったんですよ。でも、だんだん使わなくなって。「めんどうくさい」とか「ケガは起きていないから大丈夫」という気持ちがあったんですね、やっぱり。

　反対に、見回りながら「まさか、そんなことは起こらないでしょ」と思った場所もありました……。「『万が一にも最悪のできごとは起こらない』と断言できますか？」って、掛札先生に言われることはわかっていたから、口には出さなかったけど（笑）。

──私に怒られるから、言わなかった（笑）。

　これまで、そういう目で見たことがなかったわけですから、「大変な事故は起こらない」と自信を持って言うことはできないですよね。だから、「言われてみれば、確かに起こるかもしれないなあ。起こるかもしれないのなら、なんとかしよう」って思った。
　そうやって、あらためて自分の園を見直してみて、職員とも一緒に対策を考えて……と進めていったら、いつのまにか、「え、そんなこと、起こるわけがないじゃない」「大丈夫よ」っていう気持ちが心の中からなくなっていることに気づいたんですね。

――「根拠のない安心感」がなくなっていたということですか。

　ほんとに。以前は「起こるわけがない」って思っていたし、口でも言っていたはずなんですけど、そんな自分を思い出せないくらい気持ちが変わっていて。かわりに、「ここ、危ないよね」という話題が出たら「じゃあ、どうしたらいいかしら」とか、対策を考えるようになっていたんです。

――「危ない所や物（ハザード）は当然ある」という事実をちゃんと認めて、「じゃあ、子どもの命がおびやかされないように対策を立てよう」と。そう意識を切り替えることができれば、根拠もなく「大丈夫よ」「そんなこと起こらないわよ」と言う必要もないわけですよね。

掛札

　つくしんぼ保育園では、保育士さんとも安全チェックをしましたよね。その後、話し合いもして……。

　そうです、給食や用務の職員も看護師もみんなで。やっぱり、園の安全は職員全体でつくるものですから。名誉園長から常々、「保育園というものは、現場の職員一人ひとりがあってこそ。上に立つ者は責任さえしっかりとればよい」と教えられてきました。園の安全も、職員と手をつないでつくっていきたいと考えているのです。

——園長先生、副園長先生、私の3人で見たときとは違った危なさや事例が、ずいぶん出てきたことを覚えています。

　おもちゃの破損は、いつ確認するのが一番いいのかとか、2歳児は歯みがきのときに歩きまわっているけど、あれは危ないね、といったことですね。おもちゃは消毒で拭くときに確認する、歯みがきは必ず座ってする、というルールになりました。そのときは決めなかったことでも、後で保育士がルールにしたこともありましたし。
　みんなで園内の危ない所を確認した後で、「これ以外にも『危ない』とふだん思っていることがあったら、どんどん出して」と言ったせいでしょうか。あの話し合いのときは、意見がたくさん出ました。ふだんも安全のことだけでなく、「気づいたことはどんどん発言して」と職員に伝えるようにはしていたのですが、やはりなかなか言えなかったのかもしれません。

——こんなふうに家庭的な園でも、「なかなか言えない」「伝えられない」ということはあるのですか。

　それは事故に関することだけではなくて、あると思いますね。とってもとってもいいアイディアなのに、「え、もう何年もそう思ってたの？　なんでもっと早く言ってくれなかったの！」と思わず言ってしまうようなことも、先日ありましたから。風通しはまだ良くないなあって。これからは、それが課題です。伝えたいことを、みんながちゃんと伝えあうことができる、お互いの意見に耳を傾けることができる、そういう園にしていくために、私自身、園長としてもっと成長していかなくちゃと思います。

——事故予防、安全は、職員の皆さんが話をする共通の話題になったのでしょうね。

　なりました。保護者にも、園だよりで「こういうところを改善しているんですよ」と伝え始めたところです。これからは、保護者とも会話が広がっていくようにしたいですね。

——**お手伝いします！**　ありがとうございました。

あとがき

　保育園・幼稚園という場にかかわって4年、「どうして私はこんなに、保育の現場にいらっしゃる方たちとの仕事に魅かれているのかな」と考えることがあります。理由はいくつもあります。でも、ひとつにはたぶん、私自身がいわゆる「むずかしい子」「問題のある子」だったため、母にずいぶんと大変な思いをさせてしまったという気持ちがあるのだと思います。

　多様な子どもたちを「個性」として受け入れる基礎が現場にはあるにもかかわらず、日本の保育には、それを実践する「人」のリソースが足りません。その他のリソースも足りません。それでも、心ある先生方は必死になってよりよい保育をしようとしています。そういった先生のお手伝いを少しでもできれば、そして、一人ひとりの先生が一人ひとりの子どもにもっともっとかかわることができるようになれば、さらに、子どもの育ちと個性に関する現場の知識と知恵を保護者と共有することができれば、40数年前の母の気持ちをほんの少しやわらげることができるのではないか、私はそう思っているのかもしれません。

　「子どもの個性」「子どもの育ち」「子どもの命と健康」、こうしたものを間にして、保育園・幼稚園の先生方と保護者がしっかりと手を結び、協力していく。園の中でも、先生たちが共通のゴールに向かって、しっかりと協力しあう。陳腐な言い方になってしまいますが、これがもっとも重要なのです。深刻な事故（ケガ）やコミュニケーションの失敗によって、この協力態勢が揺らいでしまうのは、あまりにももったいない。反対に、深刻な事故（ケガに限らず、子どもの命にかかわるさまざまなできごと）を起こさないこと、そして、コミュニケーションを意識的に良

くしていくことで、この協力態勢をより強固なものにしていくことが今、急務だと私は考えています。

ただし、まがりなりにも社会心理学を専門とする私にとって、この「職員が協力しあう」「保護者と園が手を結ぶ」は、唱えていればいつかはかなうようなお題目ではありませんし、抽象的な概念でもありません。目に見える（測定できる）目標を設定し、そのために必要な意識と行動の変容を責任者、職員、保護者に働きかけ、結果を出していくことです。事故予防、ケガ予防と並行して、そのような取り組みを皆さんとしていきたいと思うのです。

●本書は「回答」ではなく、「考えるための枠組み」

私もまだまだ勉強中です。事故予防、傷害予防に関する新しい知識や情報は、世界じゅうで毎日のように生まれています。本書に書ききれなかったこと（特に、コミュニケーション関連）もたくさんあります。ですから、本書がすべてだとは、決して思わないでください。ここに書いた内容は、現場にいらっしゃる先生、職員の皆さんが、現場固有の環境、毎日の環境条件、さらに子どもたち（個人、集団）の日々異なる条件の中で、いかに「万が一の最悪の事態」を予測し、予防していくか、それを考えていただくための簡単な枠組みを示したものです。つまり、本書は「回答」ではなく、「考える方法」なのです。

けれども、インタビューの中で久野順子先生がおっしゃっているように、その枠組みがわかり、「万が一の最悪」を想像することに対して恐怖心を感じなくなれば、自園の中にある危なさが見えてくるようになります。「これ、なにかあったら大変だから、対策しなきゃ」と皆で言えるようになります。近隣の園で危ない場所をみつけたときにも、「ここって、危ないんじゃない？」「こういうふうにしたほうがいいと思う

けど」と、お互いに話すことができるようになっていきます。名前を挙げることはできませんが、そのような動きはつくしんぼ保育園だけでなく、すでにいくつもの園で起きています。

　そして、事故やケガについて率直で効果的なコミュニケーションができるようになれば、保育園・幼稚園は事故予防、ケガ予防に役立つさまざまなデータを、保護者だけでなく、社会にも発信することが可能になります。たとえば、事故報告書に発達段階をチェックする項目を入れた園の例をお話ししました。こうしたデータのとり方が日本じゅうに広がり、情報が集まっていけば、どの発達段階の子どもが、具体的にどんな場所（高さ、すきまなど）でどんな事故（つまずく、ひっかかるなど）にあい、それがどの程度深刻なケガにつながったかを理解することができるようになるのです。たとえば、多くの保育園・幼稚園を結ぶ、事故、ケガ、ヒヤリハットのデータベース・システムをつくることができたらすばらしいのではないでしょうか。

●リスクについて、「想定外」をできる限り減らす

　本書の校正をしているときに、3月11日がめぐってきました。東日本大震災とそれに続く福島第一原発事故は、リスク・マネジメントだけでなく、リスク・コミュニケーション（およびクライシス・コミュニケーション）における課題を数多く露呈するものとなりました。私たちは何度、「想定外だった」という言葉を聞いたでしょうか。「想定外でした」「こんなことが起こるとは思ってもいなかった」——これは「万が一に備える」べきリスク・マネジメントの失敗をみずから認める言葉にほかなりません（くわしくは、135ページ欄外の参照文献をご覧ください）。

　子どもの安全において「万が一の最悪」を考え、それを予防する努力をするということは、結局のところ、「想定外」を限りなくゼロに近づ

けることなのです。事故予防に限らず、感染症予防、アレルギー対策、不審者対策、災害対策、すべてにおいて、子どもの命にかかわる可能性のある深刻なリスクを洗いだしておき、予防策、対応策をとっておく、これによって「想定外」が少なくなっていきます。そのためには、命にかかわるリスク（万が一の最悪）は何なのか、災害の場合であれば、別の地域で起きた被害と同じ、またはそれ以上の被害が起こる可能性が自分たちの地域にあるのか、常に考える必要があります。このとき、いつもの職員の中で、いつもと同じように話し、考えていたら、見落としや抜け、「偽りの安心感」が次々と起こります。そうならないよう、他人の目や他人の意見もぜひ入れていってください。

　もちろん、どんな予防策、対応策をとっても、「これで完璧！」はまずありえません。100％の安全はそもそも達成がむずかしいものですし、人間が予防や対策にかかわる場合には、ヒューマン・エラーも起こります。必ず、「え、そんなことが？」と驚くできごとは起こるのです。しかし、対策をとっておけば、結果の深刻さ（例：ケガの重傷度）を下げることはできます。対策をふだんから保護者に伝え、信頼を得ていれば、「対策をとっていた」という部分で評価を受けることができます。これは、災害対策や感染症対策などにおいてもまったく同じですね。

●「事故」の裏にある人の心を思いやる

　東日本大震災を境にして保育園・幼稚園などでも、働く人の心のケアに対する関心が少しずつ出てくるようになりました。子どもとはいえ、人とかかわる仕事なのですから、本来、心のケアは重要です。でも、「子どものからだと心をケアする専門家なのだから、自身の心のケアもできるはず」、そんな思い込みがあったのでしょうか、それまでの関心はお世辞にも高かったとは言えません。

あとがき

　何度か書きましたが、「責任追及ではなく、原因追究を」と私が言うときには、心のケアの問題が大きくかかわっています。これは災害などが起きた場合にもあてはまります。起きたできごとに対して職員が全員で反省をし、そこから学びを得るのは重要です。でも、「私が○○ちゃんにケガをさせてしまった」「私が○○ちゃんを死なせてしまった」と、一人の職員が心の傷を負うのは別の話です。園の責任者がなんの対策もしないまま、現場の職員に責任と心の傷を押しつけているとしたら、それはもうひとつの「最悪の事態」です。

　家庭で起こる事故でも同じです。「なぜ、危ないとわかっているものを食べさせたの？」「目を離した親が悪い」「子どもをちゃんとしつけなかったからだ」、そんな言葉をよく聞きます。けれども、「万が一を予防することの大切さ」を考えて企業・行政（社会全体）、保護者がそれぞれに対策をとっておくことと、「実際に起きてしまった万が一の最悪」のときに、そこにいた個人だけを責めたてることは、まったく次元の違うものなのです。後者の場合、責めている人は優越感を感じ、「自分は大丈夫」という偽りの安心感にはまりこんでいきます。責められた人は、心の傷を負っていきます。環境や製品の面から、ずっと効果的な「安全」を提供できたはずの企業や行政は、社会的責任に目をつぶるでしょう。これは、どの立場にとっても悪い結果しかもたらしません。

　災害対策、アレルギー対策、あらゆる場合で同じことが言えますね。保育園・幼稚園の職員であれ、保護者であれ、「私がケガをさせてしまった」「私が〜させてしまった」という気持ちが、反省と学びの範囲を越えて罪悪感や自責の念に変わってしまわないよう、周囲が心を配ってください（ただし、心のケアのプロが必要な場合には、自分たちだけで解決しようとはせず、適切な対応を迅速にとってくださいね）。

　そしてなによりも、「あなたが〜だったから」「あの人は〜だから」と

個人を責める言葉は言わないのが一番です。結局のところ、「万が一の最悪」は、保育園や幼稚園だけの話ではないのです。人間は皆、程度の差こそあれ、リスクを過小評価する生き物です。そして、「万が一の最悪」は、条件さえそろえば、あなた自身、あなたの家族にも起こる可能性が十分にあるのです。「ヘルメットなんてみっともない」「私が交通事故にあうわけがない」、そう思っていた私がある日、車に衝突されたように。

●おわりに

　私が本書を書くことができたのは、数多くの皆さんのおかげです。事故予防、傷害予防にしっかり取り組みながら、私に保育のことをたくさん教えてくださっている久野順子園長とつくしんぼ保育園の先生方に感謝をします（写真もありがとうございました！）。日本における子どもの傷害予防の第一人者である山中龍宏・緑園こどもクリニック院長／産業技術総合研究所デジタルヒューマン工学研究センター傷害予防工学研究チーム長、先端のセンサー技術・工学を子どもの傷害予防と組み合わせた第一人者である西田佳史・同センター人間行動理解チーム長からも、多大なご支援・ご指導をいただいています。

　『参加型園内研修のすすめ──学び合いの「場づくり」』をお書きになった松山益代・慈紘保育園園長（千葉県我孫子市）からも、保育のことをたくさん学ばせていただいています。同じ我孫子市の柏鳳保育園（松丸久美子園長）は、ケガ予防対策にとても熱心に取り組んでおられ、本書でも79ページの「ドアの丸窓にクッション」の写真をお借りしました。

　本当はこの後に、日本全国の保育園の先生のお名前が数十人並ぶ予定だったのですが、公立の先生もとても多いので、やむをえず控えさせていただきます。皆さんからいただいた疑問やご意見がなかったら、この

あとがき

　本は存在しませんでした。ありがとうございます。これからも、先生たちと一緒にいろいろなことを学び、発信していけたら、と思っています。日本保育協会研修部の皆さんにも、感謝をいたします。

　ぎょうせいの西條美津紀さんと皆さん、そして、イラストとカバーを担当してくださった柚木ミサトさん、ありがとうございました！　東日本大震災をきっかけに出会った、『赤いつぶつぶの絵』で知られる柚木さんに、まさか私の本のイラストを描いていただけるとは思いもしませんでした。

　最後になりますが、私の母と、コロラド州立大学での私の師であるLorann Stallones博士に心から感謝をしたいと思います。傷害疫学・傷害予防・公衆衛生の専門家であるStallones博士からは、現場にいる人たちと仕事をすることの大切さ、現場の課題解決のためにこそ学問は存在するのだということ、そのほか多くのことを学ばせていただいています。そして、この「むずかしい子ども」が、周回遅れではあるものの、いまだに成長し続けている姿を見守ってくださっている母に感謝をします。

＊　　　　＊　　　　＊

　日本ではいまだに毎日1人以上、子どもが「不慮のできごと」で亡くなっています。「昔より少なくなった」「世界の中でもトップの低死亡率」は、なんの意味も持ちません。子どもの命、人の命は「数」ではないからです。ひとつの子どもの命が失われたら、その影響はとてつもなく大きい。にもかかわらず、それは今も毎日、日本のどこかで起きている。子どもの事故予防、ケガ予防に取り組むことは、一人ひとりの子どもの命を確実に守るための努力なのです。

【著者プロフィール】

掛札 逸美（かけふだ いつみ）

　安全・健康の心理学、リスク・コミュニケーション、より一般的なコミュニケーション／リーダーシップ・トレーニングを専門とする。米国式「心理学は自然科学」をモットーに、効果評価を伴う意識・行動変容介入のデザイン、実施に取り組む。傷害予防においては特に子どもの傷害予防を中心とし、保育士団体等での「楽しく、わかりやすい」講演多数。

　1964年生。筑波大学卒。心理学博士（2008年、コロラド州立大学大学院）。独立行政法人産業技術総合研究所デジタルヒューマン工学研究センター特別研究員。

　　メール：itsumikakefuda@gmail.com
　　　　（携帯からの場合はgmailの受信ブロックを解除してください。）

乳幼児の事故予防
──保育者のためのリスク・マネジメント──

2012年5月25日　初版発行
2022年6月30日　14版発行

　　　　著　者　　掛札 逸美

　　　　発　行　　株式会社 ぎょうせい
　　　　　　　　　〒136-8575　東京都江東区新木場1-18-11
　　　　　　　　　URL：https://gyosei.jp

　　　　　　　　　フリーコール　0120-953-431
　　　　　　　　　ぎょうせい　お問い合わせ　検索　https://gyosei.jp/inquiry/

《検印省略》

印刷　ぎょうせいデジタル株式会社
乱丁・落丁本は、送料小社負担にてお取り替えいたします。
©2012 Printed in Japan　禁無断転載・複製
ISBN 978-4-324-09474-7 (5107847-00-000)　［略：保育リスク］